Sing und spiel mit mir

QUALITÄTS
G|U
GARANTIE

DIE GU-QUALITÄTSGARANTIE

Wir möchten Ihnen mit den Informationen und Anregungen in diesem Buch das Leben erleichtern und Sie inspirieren, Neues auszuprobieren. Bei jedem unserer Produkte achten wir auf Aktualität und stellen höchste Ansprüche an Inhalt, Optik und Ausstattung.
Alle Informationen werden von unseren Autoren und unserer Fachredaktion sorgfältig ausgewählt und mehrfach geprüft. Deshalb bieten wir Ihnen eine 100 %ige Qualitätsgarantie.

Darauf können Sie sich verlassen:
Wir bieten Ihnen alle wichtigen Informationen sowie praktischen Rat – damit können Sie dafür sorgen, dass Ihre Kinder glücklich und gesund aufwachsen. Wir garantieren, dass:
• alle Übungen und Anleitungen in der Praxis geprüft und
• unsere Autoren echte Experten mit langjähriger Erfahrung sind.

Wir möchten für Sie immer besser werden:
Sollten wir mit diesem Buch Ihre Erwartungen nicht erfüllen, lassen Sie es uns bitte wissen! Nehmen Sie einfach Kontakt zu unserem Leserservice auf. Sie erhalten von uns kostenlos einen Ratgeber zum gleichen oder ähnlichen Thema. Die Kontaktdaten unseres Leserservice finden Sie am Ende dieses Buches.

GRÄFE UND UNZER VERLAG. *Der erste Ratgeberverlag – seit 1722.*

DAS BABY IST DA

BABYALLTAG

BABY IN ACTION

ZEIT FÜR UNS

SERVICE

EIN JAHR IST UM

DAS BABY IST DA

»Wenn ich ein Baby wär,
läge ich von früh bis spät –
im Bett. Wie nett!
Müsste nicht zur Arbeit gehen,
wäre niedlich anzusehen.«

Ein Wort an die Eltern: Liebe

WO SIND WIR? WIR DREHEN UNS MIT DER WELT,
TREIBEN IM STRUDEL DER ZEIT UND VERGESSEN ZU GENIESSEN,
ZUR RUHE ZU KOMMEN, ZU SEHEN, ZU HÖREN, ZU STAUNEN.

Ich frage mich oft, wie es sein kann, dass die Menschen immer weniger Zeit haben – obwohl es doch so viele Erfindungen gibt, die uns helfen Zeit zu sparen. Zurückkommen, innehalten, die Welt mit Kinderaugen sehen: Dabei kann Ihnen Ihr Baby helfen. Versuchen Sie einmal, die Welt mit seinen Augen zu sehen, über Wolken, Blätter im Wind, Käfer und das eigene Spiegelbild zu staunen. Regentropfen nachsehen, wenn sie um die Wette die Fensterscheibe herunterlaufen.

Spätestens wenn Ihr Baby mit etwa einem Jahr in die »Ui«-Phase kommt, werden Sie sich, wie die meisten Eltern, dabei ertappen, jeden begeisterten Laut nachzusprechen. Nur zu! Staunen Sie mit ihm, lassen Sie sich die Welt der Babys zeigen. Und kommentieren Sie jedes noch so kleine Wunder ebenfalls mit einem von Herzen kommenden »Ui«. Es geht nicht darum, Zeit zu sparen, sondern Zeit zu verbringen. Ganz bewusst. Einmal nur das Baby beim Spielen beobachten. Stattdessen haben wir irgendwann angefangen, uns die meiste Zeit nicht mehr nur einer Sache zu widmen, sondern lieber mehrere Dinge gleichzeitig zu tun. Ich kenne das ja von mir selbst: Wenn ich mir die Zähne putze, wische ich mit einem Tuch in der anderen Hand noch schnell das Waschbecken blank.

INVESTIEREN SIE IN IHR ZEITKONTO

Oft höre ich von anderen Eltern den Satz: »Ja, wenn du für so etwas Zeit hast.« Ich glaube, Zeit hat heutzutage leider niemand mehr. Zeit ist kostbar. Zeit hat man nicht, die muss man sich nehmen. Indem man Prioritäten setzt: Was ist jetzt wirklich wichtig? Für was nehme ich mir jetzt die Zeit? Es gibt Mütter, die lesen immer noch Bücher, andere gehen nach wie vor zur Kosmetikerin oder räumen jeden Tag ihre Wohnung tipptopp auf. Aber wenn Sie Ihren Babys Ihre kostbare Zeit schenken, werden die Kleinen zu ausgeglichenen, lustigen, fröhlichen Kindern und schließlich zu glücklichen Erwachsenen heranwachsen, die behaupten können: Ich hatte eine schöne Kindheit.

ALLES IST MÖGLICH

Die Babyzeit ist die kürzeste Phase unseres Lebens. Und auch wenn wir uns nicht bewusst an sie erinnern können, prägt sie uns doch für das ganze Leben. Als ich damit begann, die ersten Babyspiele aufzuschreiben, ertappte ich mich dabei, dass ich ständig vor Gefahren warnte, die dieses oder jenes Spiel mit sich bringen kann. Verschlucken, Fallen, Verletzen … Dabei finde ich, dass Mütter mit Babys sowieso schon oft genug die verschiedensten Ängste mit sich herumtragen. Meine Spielideen sollen unbefangen und lustig sein. Hören Sie daher auf Ihr Herz und Ihr Bauchgefühl. Glauben Sie mir, diese Gefühle sind noch da, wir ver-

lernen oft nur, sie zu hören und ihnen Beachtung zu schenken. Trotzdem, einmal muss ich es schreiben – auch wenn ich überzeugt davon bin, dass Sie das alles ohnehin bereits wissen: Passen Sie bei allen Spielen auf Ihr Baby auf. Nähen Sie bei den Bastelvorschlägen Knöpfe und andere Kleinigkeiten gut fest, damit das Baby sie nicht verschluckt. Aber trauen Sie sich auch durchaus etwas zu. Hätte man nicht auch ein wenig Mut, könnte man gleich zu Hause bleiben. Schließlich kann immer passieren, dass einem der Himmel auf den Kopf fällt. Möglich ist alles!

Da waren's plötzlich drei!

MIT DEM NEUGEBORENEN NACH HAUSE ZU KOMMEN,
DAS IST EIN GANZ BESONDERER AUGENBLICK.
ICH KANN MICH SELBST NOCH SEHR GUT DARAN ERINNERN.

Plötzlich waren wir zu dritt. Unsere Nachbarn hatten unsere Wohnungstür mit einem Willkommensschild und bunten Luftballons geschmückt. In dem Bettchen, das schon eine ganze Zeit über in der Wohnung stand, lag plötzlich wirklich ein Baby. Ein echtes Baby. Und dann zeigten wir unserem Jakob sein neues Heim. Wir trugen ihn von Zimmer zu Zimmer und erklärten ihm alles. Ich glaube noch heute, dass ihm das gefiel. Wir wiederholten diese Wohnungsbegehung viele, viele Male. Mit der Zeit entdeckten wir dabei, dass ihn manche Dinge mehr faszinierten als andere.

EIN BABY — WAS IST DAS EIGENTLICH?

Ein Baby ist ein Kind im ersten Lebensjahr. Vom Saugreflex leitet sich die Bezeichnung Säugling ab. Während der ersten vier Wochen heißt es Neugeborenes. Nach Vollendung des ersten Lebensjahres schließt sich dann das Kleinkindalter an.
Ein Baby ist also ein klitzekleiner Mensch am Anfang seines Lebens. Es ist hilflos. Ohne uns kann es nicht überleben. Es entwickelt sich so schnell und lernt so viel wie in seinem ganzen restlichen Leben nicht mehr.

JEDES BABY IST ANDERS

Die Babys kommen auf die Welt und haben einfach schon so vieles »im Gepäck«. So viele Anlagen. Manche sind ruhig, manche temperamentvoll. Einige sind kleine Denker, andere eher Draufgänger, wieder andere eher ängstlich. Die meisten sind Forscher und Entdecker, und manche sind Träumer. Es gibt Schlafbabys (das habe ich jedenfalls mal gehört), und es gibt Babys, die das Autofahren lieben. Andere schlafen kaum und sind trotzdem kleine Sonnenscheine.

Schon Säuglinge sind, wie alle Menschen, Individuen. Sie unterscheiden sich voneinander nicht nur durch ihr Äußeres, sondern auch durch ihre unterschiedlichen Charaktereigenschaften. Begrüßen Sie Ihr Baby und nehmen Sie es so an, wie es ist: »Hallo, mein Schatz – und was für ein Typ bist du?« Die Antwort auf diese Frage werden Sie allerdings erst nach und nach herausbekommen. Es bleibt spannend. Spielt es wirklich eine Rolle, zu welchem Zeitpunkt, an welchem Tag, zu welcher Stunde und Minute, ein Kind das Licht der Welt erblickt? Sind seine Anlagen nicht alle schon vorher da? Es lebt ja immerhin bereits neun Monate im Mutterleib. Mein eines Kind war schon im Bauch ruhig und zart. Und so kam es auch auf die Welt: ruhig, langsam und zart. Mein anderes versetzte mir schon als Fötus ohne Ankündigung solche Fußtritte und Haken, dass ich mir jedes Mal mit schmerzverzerrtem Gesicht an den Bauch fasste. Mit genauso viel Kraft und Energie kam es auch zur Welt. Die Geburt war nach zwei Stunden beendet, und es schrie in die Welt hinaus, noch bevor es ganz da war. Bis heute ist es ein sehr lebhaftes, zielstrebiges, aktives Kind, während das andere noch heute eher ein stiller Beobachter ist.

WILLKOMMEN ZU HAUSE, BABY

Kaum ist das Baby da, kann es natürlich niemand abwarten, den neuen Erdbewohner zu sehen und zu begrüßen. Aber Achtung: Überfordern Sie sich jetzt nicht.

➤ Schrauben Sie Ihre Ansprüche an sich selbst zurück. Ihre Wohnung muss jetzt nicht wie aus dem Ei gepellt sein, und Sie müssen auch nicht jedem Besucher Kuchen anbieten. Wenn Sie das aber gerne möchten, gönnen Sie sich den Luxus und kaufen Sie Kuchen beim Bäcker. Oder wie wäre es mit Keksen?

➤ Sie haben das Sagen. Die Gäste sollen sich nach Ihnen und Ihrem Baby richten – nicht umgekehrt.

➤ Wenn Sie Lust dazu haben, packen Sie alle Gäste unter einen Hut und laden zu einer Babywillkommensparty. Jeder bringt etwas mit.

➤ Sagen Sie Ihrem Besuch, wenn es Ihnen und Ihrem Baby zu viel wird. Jeder sollte Verständnis dafür haben.

SCHÖNE NEUE WELT

Wie sich das Leben durch das Baby verändert? Am meisten ist mir im Gedächtnis geblieben, dass manche Dinge von heute auf morgen so gut wie unmöglich waren. Dabei hatte ich vorher nie über sie nachgedacht, weil sie so normal waren und einfach zum Tagesablauf dazugehörten.

Es fiel mir schwer, Zeit zum Duschen zu finden (vom Baden ganz abgesehen), manchmal war es einfach nicht drin, auf die Toilette zu gehen oder daran zu denken, ausreichend zu trinken. Mein Mittagessen nahm ich meist kalt zu mir, weil das Baby gerade mittags getragen oder gestillt werden wollte. Irgendwie aber schafft man die Dinge, die getan werden müssen, dann doch. Und wenn man sich an die Zeiten des Babys gewöhnt hat oder das Baby erst einmal einen geregelten Tagesablauf hat, wird all dies wieder besser.

SCHRITT FÜR SCHRITT INS LEBEN

Wie schön, wenn Ihr Baby Fortschritte macht – man freut sich über jeden noch so kleinen. Aber was heißt eigentlich Fortschritt? Doch nur, dass das Kind immer mehr kann, bis es schließlich so weit ist, dass es »fort« schreiten kann. Schade, dass manche Mütter diese Entwicklung als einen regelrechten Wettkampf verstehen. Lassen Sie sich nicht verrückt machen, wenn Ihnen eine andere Mama sagt: »Was? Deins kann noch immer nicht sitzen? Das hat meins schon mit fünf Monaten gekonnt!« Jedes Baby lernt nach seinem eigenen Rhythmus. Die einen können früher sprechen, die anderen früher laufen. Die Dritten lassen sich bei allem ein wenig mehr Zeit. Sie sind vielleicht einfach noch nicht bereit und dann – schwuppdiwupp – geht plötzlich alles ganz schnell. Jedes Kind ist von Anfang an schon ein kleines Individuum, das eine eigene kleine Persönlichkeit und einen eigenen Rhythmus mitbringt. Lassen Sie sich auf keinen Fall von anderen verunsichern. Werden Sie nicht nervös, wenn Ihr Kind nicht ins »Raster« passt. Jedes Kind ist anders und jeder Mensch ist es schließlich auch.

Für Mamas und Papas

Warum ich in diesem Buch öfter die Mütter anspreche als die Väter? Liebe Papas, Daddys, Vatis: Weil der Prozentsatz der erziehenden, daheimbleibenden Väter immer noch sehr gering ist, bitte ich zu verzeihen, dass ich mich öfter an die Mamas wende. Das Buch ist natürlich für alle Mamas *und* Papas gedacht, die Spaß am Spielen und Singen mit ihrem Baby haben.

Freuen Sie sich über jeden Fortschritt, den Ihr Baby macht, und freuen Sie sich genauso über die Fortschritte der Babys in Ihrem Freundes- und Bekanntenkreis. Später einmal ist es völlig egal, wann man das Laufen gelernt, das erste Mal eine Breze gegessen oder mit dem Sprechen begonnen hat.

Wenn ich ein Baby wär ...

»Wenn ich ein Baby wär,
läge ich von früh bis spät – im Bett.
Wie nett!
Müsste nicht zur Arbeit gehen,
wäre niedlich anzusehen.
Würde gleich bei Hunger schrein,
wäre niemals lang allein.
Ich müsste mich um gar nichts
kümmern,
ab und zu ein leises Wimmern.
Mami oder Papi kommt – prompt!
Hätte Haare oder nicht,
noch keine Pickel im Gesicht.
Wäre meine Windel voll,
fände ich das gar nicht toll.
Doch müsste ich nicht lange warten,
könnt schnell mit einer frischen starten!
Mein bester Freund wär Teddybär,
wenn ich ein Baby wär.

Momentchen mal –
ich bin doch eins! «

EIN HOCH AUF ALLE GESCHWISTER

Beziehen Sie ältere Geschwisterkinder von Anfang an mit ein. Lassen Sie sich von ihnen beim Einräumen des Babyzimmers helfen, beim Herrichten des Babybettchens. Zeigen Sie dem Kind die alten Babykleidchen, halten Sie sie ihm an und bewundern Sie es, wie groß es inzwischen geworden ist. Malen Sie gemeinsam ein großes Begrüßungsbild für das neue Baby und hängen Sie es über die Wickelkommode. Ist das Baby dann da, geht es darum, die richtige Mischung zu finden. Geben Sie Ihrem »Großen« das Gefühl, schon mithelfen zu können. Überfordern Sie es aber nicht und gönnen Sie ihm auch Zeit, die nur ihm gehört. Unser zweites Baby hatte seinem großen Bruder (der war damals zwei) ein Geschenk mitgebracht. Ein Geschwistergeschenk, alles Gute zum großen Bruder. Es war ein Spielzeugtraktor mit Anhänger. Nennen Sie es Bestechung, aber so machte die kleine Schwester ganz schön Eindruck. Und der Große war noch mehr begeistert von seiner Schwester.

SCHUTZENGEL

Malen Sie einen Schutzengel für Ihr Baby. Sie können nicht malen? Versuchen Sie es einfach: ein Kreis für das Gesicht, ein Dreieck für das Gewand und zwei Rechtecke für die Arme. Noch zwei Flügel, fertig.

Im Grunde braucht so ein Engelchen nicht mal ein Gesicht, es sei denn, Sie können nun gar nicht mehr aufhören. Oder Sie vergrößern ein Foto mit dem Gesicht Ihres Babys und kleben es auf. Dann kleben Sie ihm doch gleich noch lange Haare aus Wolle auf. Auch das Kleid können Sie bekleben (zum Beispiel mit all den Dingen, die Sie dem Baby wünschen).

 auf CD

Ich rufe meinen Schutzengel an

»Ein nigelnagelneuer Tag liegt unbenutzt vor mir,
doch bevor ich ihn beginn, wähl ich die 6–2–4.
Hallo, Schutzengelzentrale? Bin ich bei Wolke sieben?
Wo ist mein Schutzengel für diesen Tag denn nur geblieben?
Ach, der schwebt im 7. Himmel? Dann ruf ich da mal an!

Denn ohne ihn fängt dieser Tag für mich noch gar nicht an.
Hallo, ist da Himmel 7? Könnt ihr mich verstehen?
Ich würde gern endlich diesen schönen Tag begehen.
Ach, der Engel putzt sich noch die Flügel,
macht sie blitzeblank?
Dann wart ich noch ein Viertelstündchen –
Wiedersehen – vielen Dank! «

Reime sind super

BABYS LIEBEN REIME. DENN SIE KÖNNEN MIT GANZ VIEL SPASS
JEDE MENGE LERNEN. DIE SPRACHE WIRD GESCHULT
UND DAS MITEINANDER GEFÖRDERT.

Das ständige Wiederholen gleicht einem Ritual und gibt dem Baby Sicherheit und Geborgenheit. Hinzu kommen jede Menge Berührungen: Wir streicheln zart über die winzige Babyhand und sagen einen Reim. Wir begleiten ein Versehen mit einem lustigen Fingerspiel. Oder wir kitzeln einfach das Babybäuchlein.

Die Kombination aus Sprache, Bewegung, Berührung und Ritualen festigt die emotionale Beziehung zur Mutter oder zum Vater. Das Baby lernt mit allen Sinnen.

Aber nicht nur das Baby hat etwas von den Reimen, auch die Mamas können beim Auswendiglernen ganz nebenbei ihr Gehirn trainieren. Versuchen Sie, ein paar der kleinen Sprüche, Gedichte und Lieder in diesem Buch auswendig zu lernen. So können Sie sie später immer wieder an andere Mütter und andere Kinder weitergeben. Ich selbst verbrachte letztes Jahr längere Zeit mit einem vierjährigen Mädchen. Sie zeigte mir ein paar Fingerspiele und Sprüche aus dem Kindergarten. Plötzlich erinnerte ich mich wieder an so viele Reime und Liedchen. Die Kleine konnte nicht genug davon bekommen.

DIE BABYKLASSIKER

Schon immer haben Mamas und Papas mit ihren Babys Sing-Klatsch-Fingerspiele gespielt. Auch wenn manche dieser Reime noch so alt sind: Ihr Baby wird sich darüber freuen. Das Tolle an Babys ist ja, dass für sie auch ein Klassiker neu ist. Sie wollen immer mehr davon – am liebsten immer denselben noch einmal und noch einmal und noch einmal …

Für alle, die aber dieses oder jenes Verslein nicht mehr hören können, habe ich für dieses Buch viele neue Klatschspiele, Kniereiter und Fingerspiele geschrieben. Trotzdem möchte ich Ihnen auf gar keinen Fall meine Lieblingsbabyklassiker vorenthalten:

»Das ist der Daumen.
Der schüttelt die Pflaumen.
Der liest sie auf.
Der trägt sie nach Haus.
Und der kleine Wutziputzi,
der isst sie alle auf. «
Eine Hand nehmen und nacheinan-
der die Finger leicht schütteln.

Nehmen Sie die Hände des
Babys in Ihre eigenen.
»Pitsche, patsche, Peter,
4-mal in die Hände klatschen.
hinterm Ofen steht er,
4-mal in die Hände klatschen.
hinterm Ofen loant er,
4-mal in die Hände klatschen.
wenn man ihn anschaut,
2-mal langsamer in die Hände
klatschen.
dann woant er.«
Babys Hände vor seine Augen
halten.

»Geht ein Mann die Treppe rauf.
Mit zwei Fingern …
… den Arm hinauflaufen.

Klingelingeling. Klopfet an.
Zart auf die Stirn klopfen.
Guten Tag, Herr Hampelmann! «
Die Nase fassen und leicht schütteln.

»Hoppe, hoppe, Reiter,
wenn er fällt, dann schreit er.
Fällt er in den Graben,
fressen ihn die Raben.
Fällt er in den Sumpf,
macht der Reiter plumps! «
Setzen Sie das Kind auf den Schoß,
halten Sie es an den Händen und
lassen Sie es reiten. Am Schluss
plumpst es zwischen die Beine.

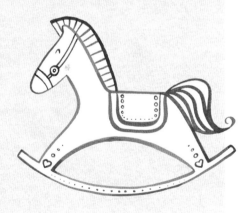

BABYALLTAG

*»Der Tag schaut schon
zum Fenster rein, er wartet
schon auf dich. Er sagt,
es wird heut wieder ganz
abenteuerlich – für dich.«*

Guten Morgen, Baby

JEDER MORGEN IST ANDERS.
DER TAG LIEGT VOR EINEM WIE EIN UNBESCHRIEBENES BLATT PAPIER.
GEMÜTLICH AUFZUWACHEN IST OFT SCHON DIE HALBE MIETE.

Lassen Sie es sich selbst und Ihrem Baby schon beim Aufwachen gut gehen. Ich glaube, es gibt keinen schöneren Start in den Tag, als sich langsam hineinzustrecken und hineinzukuscheln. Schmusen Sie Ihr Kind in den Tag. Mit zarter Stimme. Atmen Sie es ein – morgens riechen Babys immer besonders gut. Dieser Babyduft ist einfach herrlich! Vielleicht wird Ihr Spatz auch gern von einem Kuscheltier begrüßt. Das küsst ihn mal auf die rechte Wange, mal auf die linke und sagt: »Schön, dass du wach bist! Was wollen wir heute alles erleben?«.

GUTEN-MORGEN-LIEDER

Ist Ihnen schon einmal aufgefallen, dass es wahnsinnig viele Schlaf- und Abendlieder gibt, aber kaum Guten-Morgen-Lieder? Dabei wacht man doch genauso oft auf, wie man einschläft. Aus diesem Grund habe ich meine Kinder immer mit einem sehr einfachen Lied geweckt, das ging so:

»Guten Morgen, mein kleiner Schatz, du hast in meinem Herzen Platz,
guten Morgen, du kleine Maus, wie siehst du heute niedlich aus? «
Ich weiß, das ist eigentlich kein Lied, sondern entstand eben nur mal so aus Mangel an
einem Guten-Morgen-Aufwachlied. Damit es jetzt endlich eines gibt, habe ich für Sie
ein richtiges kleines Aufwecklied geschrieben.

auf CD   *Guten-Morgen-Lied* 🎵

»Der Tag schaut schon
zum Fenster rein,
wer liegt da noch im Bett?
Das kann doch nur
(Name Kind) **sein,**
pass auf, wie ich dich weck.
Ein Küsschen auf die Nase
und ein Küsschen auf den Bauch.
Hallo, mein kleiner Schatz, komm,
wach mit einem Lächeln auf.
Der Tag schaut schon zum Fenster
rein, wer liegt da noch im Bett?
Wer sieht da noch so müde aus,
pass auf, wie ich dich weck.
Ich kitzle dich ganz zart am Hals
und vorsichtig am Ohr.
Und wenn das auch nichts nützt,
nehm ich mir noch die Füßchen vor.
Der Tag schaut schon zum Fenster
rein, er wartet schon auf dich.
Er sagt, es wird heut wieder ganz
abenteuerlich – für dich. «

Willkommen am Morgen

Heißen Sie Ihr Baby jeden Tag aufs Neue willkommen: »Ja, wer ist denn
da aufgewacht?« Auch wenn der Satz ein bisschen albern klingt, ich
liebe ihn. Ich glaube, das habe ich von meiner Oma. Sie sagte zu jedem
Baby: »Ja, wen hamma denn da?«, oder: »Ja, wo bist du denn?«

auf CD

Schüttelsong 🎵

»Komm, wir schütteln uns,
komm, wir schütteln uns,
schütteln die Müdigkeit heraus.
Komm, wir schütteln uns,
komm, wir schütteln uns,
wir schütteln uns vor Lachen aus.

Komm, schüttel alle deine Finger,
komm, schüttel deine Hände auch.
Beweg die müden kleinen Zehen,
die Füße und zuletzt den Bauch.

Komm, wir drehen uns,
komm, wir drehen uns,
wie ein kleiner Wirbelwind.
Komm, wir drehen uns,
komm, wir drehen uns,
müde ist jetzt hier kein Kind.

Komm, dreh dich so wie unsere
Erde, komm, dreh dich wie ein
Karussell.
Komm, dreh dich wie 'ne
Waschmaschine, mal langsam
oder auch mal schnell.

Komm, wir hüpfen hoch,
komm, wir hüpfen hoch,
hin und her wie ein kleiner Floh.
Komm, wir hüpfen hoch,
komm, wir hüpfen hoch,
hüpfen macht uns alle froh.
Wir hüpfen wie ein kleiner Hase,
wir hüpfen wie ein Känguru.
Wir hüpfen wie der Frosch im Grase,
komm, hüpf mit mir,
das kannst auch du.«

*Weil das Baby am Anfang noch zu
klein ist, um sich selbst zu schütteln,
machen Sie es einfach gemeinsam.
Fassen Sie zum Beispiel seine Hände
oder Füße und schütteln Sie sie zart
hin und her. Nehmen Sie das Baby
auf den Arm und drehen Sie sich mit
ihm oder hüpfen Sie zusammen.
Bald steht Ihr Baby auf seinen eigenen Füßen und kann all das Schütteln, Drehen und Hüpfen selbst übernehmen.*

Kleiner Käfer

Diese vertonten Verse von Engelbert Humperdinck, der auch die Kindero- per »Hänsel und Gretel« geschrieben hat, begleiten mich selbst schon mein ganzes Leben lang.

»Fliege, kleiner Käfer,
in den Tag hinein.
Wecke auf die Schläfer,
liebes Käferlein.
Hast ja Riesenflügel,
niemand kommt dir gleich.
Täler, Berg und Hügel
sind dein großes Reich.
Käfer, könnt ich eilen,
eilen so wie du,
flög ich tausend Meilen,
flög ich immerzu.
Flög ich tausend Meilen,
flög ich immerzu. «

Zähneputzen

KEINER KOMMT AUF DEN GEDANKEN, EIN KIND MORGENS ZU FRAGEN:
»WILLST DU HEUTE DEINE ZÄHNE PUTZEN?«
DAS SCHRUBBELN MUSS EINFACH SEIN – UND BASTA.

Zähneputzen ist wichtig. Führen Sie es deshalb schon bald in den Tagesablauf mit ein. Kaufen Sie schon früh eine erste Zahnbürste, damit das Baby, sobald die ersten Zähnchen kommen, gemeinsam mit Ihnen schrubben kann. Nachahmen ist nämlich das tollste Spiel – und je früher Sie damit anfangen, das Baby ans Zähneputzen zu gewöhnen, desto besser. Auch eine Fingerzahnbürste ist eine lustige Sache.

 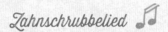

»Ich putze meine Zähne
blitzeklitzeblitzeblank.
Dann werden meine Zähne
ganz gesund und nicht krank.
Schrubbe, schrubbe rechts
und links, unten und auch oben –
oh und ah, das machst du gut –
ich muss dich loben!

Ich schrubbe, putze, kreise
mal mit Kraft, mal mit Gefühl,
weil ich blitzeblanke Zähne
haben will.

Auch die Backenzähne wollen nicht
vergessen sein,
oh und ah, das machst du toll,
so ist es fein!

Ich grins dich mit 'nem
blitzeblanken Lächeln an,
damit jeder meine weißen
Zähne sehen kann.
Grinse, grinse rechts und links,
grins hier und da,
oh und ah, wie sind die schön –
hurra!

Blitze, klitze, blitze, klitze,
schrubb, schrubb, schrubb,
Blitze, klitze, blitze, klitze,
schrubb, schrubb, schrubb.
Schrubbe, schrubbe links und
rechts, unten und auch oben,
oh und ah, das machst du gut –
ich muss dich loben! «

auf CD   *Zahnputz-
gedicht*

»Da kommt ein grünes Krokodil
mit seinen Riesenzähnen.
*Die Hand klappt auf und zu
wie ein großes Maul.*
Es frisst und frisst und frisst sehr
viel, das muss ich nicht erwähnen.
*Das »Krokodil« knabbert am Baby
herum und kitzelt es dabei.*
Und hier der Löwe mit der Mähne
brüllt ›uaaa‹ ganz laut.
*Jetzt kommt die andere Hand
und schreit »uaaa« wie ein Löwe.*
Braucht der denn auch so große
Zähne, wenn er was zerkaut?
Auch der Löwe knabbert ein wenig.
Die Fledermaus ist ein Vampir,

die hat zwei spitze Hauer.
*Mit den Händen Flugbewegungen
machen.*
Wenn die in 'ne Tomate beißt,
sagt die Tomate ›aua‹.
*Meist können die Kinder das »Aua«
bald selbst übernehmen.*
Alle Tiere putzen Zähne,
schrubb und schrubb und schrubb.
*Mit einer imaginären Zahnbürste das
Maul – also die Hand – putzen.*
Wenn sie's nicht machen und verges-
sen, sind sie bald kaputt. «
*Beim letzten Satz die Lippen über die
Zähne stülpen, als hätte man keine
Zähne mehr.*

23

Wickeln und anziehen

»FREIHEIT FÜR DEN POPO«: DAS WAR IMMER UNSER AUSRUF,
WENN BEIM WICKELN ENDLICH DIE DICKE WINDEL WEGKAM.
WIE ANGENEHM, WENN LUFT AN DEN PO KOMMT.

Lassen Sie Ihr Baby daher hin und wieder ruhig auch länger nackig strampeln. Ich hatte selbst so ein freiheitsliebendes Baby. Es war manchmal ganz schlecht gelaunt, bis es endlich nackig sein durfte. Ich habe meine beiden Kinder deshalb ganz oft ohne Windel strampeln lassen.

CHUU, CHUU, CHUU, DIE EISENBAHN

> »Chuu, chuu, chuu, 🎵
> die Eisenbahn,
> **wer will mit zur Oma fahrn?**
> **Baby** *(Name einsetzen)*
> **ist der Schaffnerheld,**
> **dem das alles gut gefällt.**
> Chuchuchuchuchu,
> chu, chu, chu, chuuuuuu.«

Bevor ich meinen Babys die Windeln wieder anzog, habe ich dann noch ein wenig Gymnastik mit ihnen gemacht. Probieren Sie es selbst: Streicheln Sie Ihrem Kind über die Fersen. Und so eine zarte Fußmassage beruhigt viele Babys – und entspannt auch die Mutter. Greifen Sie dann mit den Händen um die Knöchel und lassen Sie das Baby »Fahrrad fahren«. Dabei schieben Sie die Beinchen sacht nach oben und unten – eben so, als würde es Rad fahren. Das ist übrigens auch gut gegen Blähungen. Wir selbst sangen dabei ein selbst erfundenes Liedchen (siehe Kasten). Normalerweise würde ich auch so ein Lied nicht in einem Buch drucken, weil es nicht besonders gut gereimt ist. Ich tue es aber doch, um Ihnen zu zeigen, dass nicht alles von Goethe sein und sich intelligent reimen muss. Man muss überhaupt nicht dafür begabt sein. Ihrem Kind wird alles gefallen, was Mama und Papa ihm vorsingen. Reimen und singen Sie also einfach drauflos.

WICKELFEE UND SOCKENSCHRECK

Wie kann man ein kleines, wildes Baby wickeln, wenn es nicht gewickelt werden will? Was hilft, wenn das Windelnwechseln regelrecht an einen kleinen Kampf zwischen Mutter und Kind erinnert? Ablenken ist die Devise.

Der erste Schritt: Gestalten Sie den Wickelplatz richtig gemütlich. Vielleicht hängen Sie ein schönes Glockenspiel darüber, das beruhigend klingelt, wenn man zart daran stößt. Sie können auch ein Mobile aufhängen oder einen alten bunten Schirm (sägen Sie einfach den Griff ab). Durch seine Speichen können Sie eine Lichterkette fädeln oder Kreppapierstreifen, die sich beim kleinsten Windzug bewegen, oder getrocknete Blätter an feinen Schnüren oder ... . Vielleicht steht aber auch auf einem Regal nebenan eine Spieluhr, die Sie nur beim Wickeln aufziehen. Oder das Baby darf den Wickeltoni halten, während Sie es sauber machen – ein Bär mit einer eigenen Windel, der auch mit dem Baby spricht. Oder Sie kleben bunte Bilder oder auch Babybilder aus Zeitschriften an die Wand. Babys lieben Babygesichter.

Dann geht's weiter: Geben Sie dem Baby irgendetwas Spannendes in die Hände, zum Beispiel eine kleine knisternde Tüte, eine Cremedose, die Verpackung der Feuchttücher. Vielleicht singen Sie noch ein Liedchen dazu? Wenn das Kind etwas älter ist, können Sie es auch mit einer Handpuppe, die einen Zauberstab hält, verzaubern. Fee: »Jetzt wollen wir doch mal sehen, ob ich dieses Kind schlafend zaubern kann?« Mutter: »Ach, das kannst du nie!« Fee: »Doch, das kann ich, ich bin nämlich eine sehr gute Fee.« (Sie fuchtelt mit dem Zauberstab über dem Kind herum.) »Schlafe ein, du süßes Kind, wenn ich puste wie der Wind, hokuspokuspu.« (Beim letzten »Pu« bläst man dem Kind sacht ins Gesicht). Jetzt wird es spannend: Soll die Fee recht haben oder die Mutter? Während der ganzen Aktion sollten Sie natürlich nicht vergessen, das Kind zu wickeln.

WO IST DAS BABY?

Viele Babys hassen es, sich anziehen zu lassen. Gehört Ihres auch zu dieser Kategorie, lenken Sie es ab oder machen ein Spiel daraus. Beim Pulli: »Wo ist das Baby? Da ist das Baby!« Beim Ärmel: »Und wo ist die kleine Hand? Da kommt sie, ich sehe sie schon.«

Die Zauberfee

»Ich will spazieren gehen –
doch ich hab nichts an!
Ich frag die Zauberfee –
ob sie das ändern kann!
Die zaubert – huschdiwusch –
ungelogen,
und schon bin ich angezogen!
Erst kommt das Hemdchen dran –
und huschdiwusch – hab ich es an!
Dann kommt der Pulli dran –
und huschdiwusch – hab ich ihn an!
Jetzt kommen die Socken dran ...usw.«

FRED, DER SOCKENSCHRECK

Fred besteht aus einer einfachen Socke, die Sie sich über die Hand stülpen. Wenn Sie nun die Finger öffnen und schließen, sieht Fred aus wie ein sprechender Mund. Natürlich kann das Sockentier auch Augen aus Knöpfen bekommen, eine Haarpracht aus Wolle und extra Ohren aus zwei anderen Socken. Auf diese Weise können Sie ein ganzes Sockentheater herstellen: Löwe, Vogel, Elefant, Schlange und Krokodil, aber auch König, Prinzessin und Zauberer.

UND NOCH MEHR SOCKEN

▶ Babys finden es fast immer sehr amüsant, wenn Sie ihnen eine Socke vom Fuß ziehen – ganz langsam, als würde sie nur sehr schwer abgehen. Dabei wird die Socke

> »Ich bin Fred, der Sockenschreck.
> Ich fresse alle Socken weg.
> Socken sind mein Leibgericht.
> Nur die Stinkesocken nicht! «

immer länger und länger, bis sie schließlich vom Fuß »ploppt«. Sogleich schauen Sie ein wenig erschreckt. Jetzt versuchen Sie dem Baby das Strümpfchen über die Hand zu ziehen. Oder über den anderen Fuß, an dem sich ja noch eine Socke befindet. Oder Sie versuchen, sich das kleine Ding selbst anzuziehen. Vielleicht passt es nur an Ihren großen Zeh? Sie können die Socke auch einem Teddybären über den Fuß oder die Pfote ziehen – und sie das Baby wieder abnehmen lassen. Ein Spiel, das man unendlich wiederholen kann.

▶ Haben Sie eine einzelne Erwachsenensocke? Dann stecken Sie doch ein Spielzeug hinein und lassen Sie das Baby danach suchen: tasten von außen, nach der Öffnung suchen und schließlich hineingreifen. Gefunden! Ein Baby muss erst lernen, dass Dinge, die es nicht sieht, trotzdem noch existieren. Wie heißt es so schön: Aus den Augen, aus dem Sinn.

▶ Wenn Sie noch mehr »einsame« Socken besitzen, füllen Sie diese doch einfach mit Füllwatte oder anderen Strümpfen, die keiner mehr braucht. Jetzt bringen Sie das Ganze in eine relativ runde Form, nähen die Öffnung mit großen Stichen zu – und schon haben Sie tolle, weiche Bälle, mit denen man Werfen, Rollen und Fangen üben kann. Sie können vor dem Zunähen auch ein Glöckchen hineingeben, damit der Ball klingeln kann.

Plitsch, platsch, Wasserspaß

**WASSER, MARSCH! WASSER IST DOCH EIGENTLICH EIN EIGENARTIGES DING.
WIR KÖNNEN DARIN SCHWIMMEN, UNS BADEN, DAMIT SPRITZEN.
WASSER IST EINFACH TOLL.**

Die meisten Babys lieben Wasser. Kein Wunder, sind sie doch selbst neun Monate wohlbehütet in Mamas Bauch im wohlig warmen Fruchtwasser geschwommen. Was man mit Wasser noch alles Großartiges machen kann, will ich Ihnen und Ihrem Baby gern verraten.

SCHAUMBABYS

Schaum ist natürlich genauso faszinierend wie Wasser. Man kann ihn pusten, sich einen Bart damit machen oder einen Hut, man kann kleine Entchen durch einen Schaumtunnel schwimmen lassen oder Schaumbälle in die Luft werfen. Und man kann Tischtennisbälle im Schaum verstecken und suchen. Die Bällchen lassen sich auch prima unter Wasser drücken, um dann wieder emporzuschnellen.
Da wird das Baby staunen, wie es spritzt.

BADEZEIT

Sie haben keine Babybadewanne? Kein Problem, steigen Sie doch einfach selbst mit in die Wanne. Legen Sie das Baby auf Ihre aufgestellten Beine – so haben Sie eine Hand frei, um es zu waschen und mit ihm zu spielen.

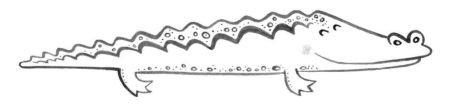

WASSERSPIELE

Wasser bietet unzählige Möglichkeiten für die ersten »Experimente«. Sie können zum Beispiel:

▶ Mit einem Strohhalm Blubberblasen ins Wasser pusten. Oder ein bisschen Wasser damit ansaugen und in hohem Bogen wieder herauspusten.

▶ Eine kleine Spritzpistole mit in die Wanne nehmen, eine Gießkanne, einen Trichter und natürlich die unterschiedlichsten Gefäße zum Schöpfen und Gießen.

▶ Bunte Eiswürfel (aus mit Lebensmittelfarbe gefärbtem Wasser) in die Badewanne oder in eine extra Schüssel werfen.

auf CD

Der Hai

»Da kommt ein Fischlein ange-
schwommen. Blubb, blubb, blubb,
blubb. Doch plötzlich hört man
jemand kommen. Es ist der Hai –
doch zu spät, das Fischlein
schwimmt – geschwind – in ein
Loch. Und hat's grad noch
geschafft. Puh, sagt der Fisch –
's ist dem Räuber noch entkommen.
Dieser schwimmt nun ganz
benommen nach Haus zu seiner
Frau, die ihn willkommen heißt
und in die Flosse beißt. Au! «
*Mit der Hand die Fischbewegungen
nachahmen.*

Sturm

»Fährt ein Schiffchen auf dem Meer,
es schaukelt hin und schaukelt her.
Da kommt ein großer Sturm (pust,
pust), da fällt das Schiffchen um. «
(Autor unbekannt)
*Sie sitzen im Schneidersitz auf dem
Boden und nehmen das Kind auf den
Schoß. Dann schaukeln Sie hin und
her, nach rechts und links – Sie sind
das Schiff. Wenn der Sturm kommt,
pusten Sie dem Baby zweimal über
den Kopf. Und dann kentert das
Schiffchen und fällt (also Sie fallen
mitsamt dem Baby) vorsichtig nach
hinten.*

auf CD   Piratenbabys

»Hey ho, hey ho,
Piratenbabys, hey ho.
Hey ho, hey ho,
Piratenbabys, hey ho.
Sie schaukeln im Sturm
auf den Wellen dahin
und haben nur einen
Gedanken im Sinn.
Sie wissen, ein Schatz ist versteckt
tief im Meer.
Doch diesen zu finden ist schwer –
sogar sehr.
Hey ho, hey ho …
Da fahren sie hin –
doch plötzlich ein Schrei!
Mit dem Wellengang
ist es erst mal vorbei.
Das Meer ist ganz still,
an den Bug schlägt die Gischt.
Den Windelsam hat das
Heimweh erwischt.
Hey ho, hey ho…
Sie setzen ihn schnell
in ein Beiboot hinein,
denn Heimweh kann
fürchterlich ansteckend sein.

Das Boot füllt sich mit Tränen –
man könnt fast ertrinken.
Da stehen die Piraten an Deck –
und winken.
Hey ho, hey ho…
Die Windeln gesetzt,
und sie stechen in See,
unter Deck 10 Fässer mit Fencheltee.
Der Smutje kocht für die
Hungrigen Brei,
und Captain Speck Sperrow ist
auch mit dabei.
Hey ho, hey ho …
Die Wellen schaukeln das Boot
auf und ab,
da machen auch Babypiraten
mal schlapp.
Die Augen fallen
ganz langsam zu,
für heute ist Schluss –
geht zur Ruh!
Ganz leise.
Hey ho, hey ho,
Piratenbabys,
hey ho … «
Immer leiser werden.

PRITSCHEL, PRITSCHEL

Auch Babys, die nicht gern baden, haben an Wasser in kleineren Mengen ihre helle Freude. Probieren Sie es!

▶ Füllen Sie im Garten einen Blumentopfuntersetzer mit Wasser und lassen Sie das Baby nach Herzenslust mit der Hand hineinpatschen. Sie können aber auch ein Blatt, eine Blüte oder einen Grashalm im Untersetzer schwimmen lassen ...

▶ Besprühen Sie an einem heißen Tag Babys Ärmchen oder Beinchen mit warmem Wasser aus der Sprühflasche. Oder sprühen Sie ihm sogar über den Kopf. Natürlich nur mit einem ganz weichen Strahl und nur, wenn es dem Baby gefällt.

auf CD   *Der Seemann*

»Das ist das Meer,
es schaukelt sacht hin und her.
Zeigen Sie Ihre flache Hand.
Eine kleine Welle entsteht.
Doch der Wind bläst so lang,
dass man förmlich zusehen kann,
wie die Wellen wachsen.
Pusten Sie Ihre Hände an.
Die Wellen werden größer.
Und das Schiffchen auf dem Meer,
wiegt sich plötzlich hin und her.
Immer höher, immer mehr,
schaukelt hoch ganz weit,
bis der Seemann plötzlich schreit:

Die andere Hand ist das Schiff. Das
Schiff wiegt sich, die Wellenhand
wird höher.
Halt – und ob ihr's glaubt oder
nicht, alles ist still – pssst.
Alles ist wie vorher – auf dem Meer.
Irgendwann übernimmt Ihr Kind das
»Halt«. Jetzt ist die Hand und das
Schiffchen ruhig.
Kein Wind in der Luft, keine Welle
im Wasser, nur der Seemann, der ist
nasser.«
Kitzeln Sie das Kind ein wenig oder
streichen Sie ihm von oben bis unten
über den Kopf.

Das Baby ist immer dabei!

EINE KUNST ALS MUTTER BESTEHT DARIN,
DEN TAGESABLAUF MIT BABY ZU BEWÄLTIGEN. IHR KIND IST IMMER DABEI!
GÖNNEN SIE SICH FÜR ALLES ETWAS MEHR ZEIT.

Je gelassener Sie sind, desto entspannter ist auch Ihr Baby – und umso leichter gehen Ihnen dann auch die Dinge von der Hand.

OHNE KOCHEN KEIN ESSEN UND OHNE EINKAUFEN KEIN KOCHEN

Mit einem kleinen Kind können die einfachsten Dinge kompliziert werden. Dabei gibt es ein paar einfache Tricks, das Baby zu beschäftigen, damit Sie entspannt einkaufen und in Ruhe kochen können.

BEIM EINKAUFEN

Kennen Sie das? Das Baby ist während des ganzen Einkaufs im Supermarkt fröhlich, erst an der Kasse, wenn Sie schon dabei sind, alles aufs Band zu legen, beginnt es zu quengeln!? Hilft fast immer: Geben Sie ihm eine Ware in die Hand. Dann hat es erst einmal etwas zum Erforschen und ist abgelenkt. Immer interessant sind zum Beispiel eine raschelnde Tüte mit Gummibärchen (natürlich geschlossen) oder eine Zahnpastatube in der Packung.

GLÜCKLICHE KÜCHENKINDER

▶ **Ausräumen:** Die beliebteste Schublade in der Küche? Natürlich die unterste mit den vielen Plastikschälchen und den dazu passenden Deckeln. Denn Ausräumen ist einfach toll. Warum füllen Sie nicht einfach einmal einen Eimer oder eine Kiste mit kleinen Schachteln oder ausgewaschenen leeren Joghurtbechern und stellen dem Baby alles zum Rumkruschteln hin? So können Sie immer wieder wechselnde, spannende Dinge einfüllen, die Ihr Kind untersuchen und erforschen kann.

- **Geduldspiel:** Mit einem Löffel den Inhalt einer Schale in eine andere zu befördern erfordert ein hohes Maß an Konzentration. Füllen Sie eine leere Schale mit Erbsen, Nudeln oder Ähnlichem und stellen Sie diese mit einer zweiten leeren Schale auf ein Tablett. Geben Sie dem Kind einen Löffel in die Hand und zeigen Sie ihm, wie es die kleinen Dinge umschöpfen kann.
- **Becherstapel:** Viele, viele Plastikbecher sind ebenfalls ein faszinierendes Spiel. Man kann sie ineinanderstecken, Türme aus ihnen bauen, sie mit einem Ball umwerfen ...

KOCHTOPFSCHLAGZEUG

So testen Sie, ob Ihr Baby ein Schlagzeuger ist oder nicht: Setzen Sie es auf den Boden und stellen Sie verschieden große Töpfe dazu. Jetzt fehlt nur noch der Kochlöffel. Zeigen Sie dem Kind, wie toll es sich anhört, wenn man auf die Töpfe haut. Die meisten finden das spannend und wollen gar nicht mehr damit aufhören.

» Ich sitze in der Küche
und spiele ein Lied
und schlage mit dem Löffel
auf den Topf den Beat.
Ich puste in den Trichter –
hör mal zu. Böböböböböböböbö –
und was machst du?
Ich sitze in der Küche
und spiele einen Song.
Ich klopfe mit der Gabel
an die Flaschen, ding, dong.
Der Wasserhahn,
der tropft im Takt dazu.
Tropf, tropf, tropf, tropf –
und was machst du?
Ich sitze in der Küche
und spiel eine Melodie,
klopfe mit zwei Löffeln auf meine Knie.
Mein Schlagzeug sind die Topfdeckel,
die Triangel das Glas *(klirr).*
So ein Küchenkonzert ist der Hit
und macht Spaß! «

auf CD   *Guten Appetit*

»Wir sitzen um den Tisch herum,
einer grade, einer krumm.
Wir lächeln uns ganz freundlich an,
erst die Frau und dann den Mann.
Und reichen uns die Hand,
wir sind schon ganz gespannt,
ob es heute jedem schmeckt.
Oh, wer hat sich unterm Tisch
versteckt?
Das ist das Lieschen Müller.
Doch soll sie unterm Tische sitzen,
während wir die Gabeln spitzen.
Wir singen ihr ein Lied:
guten Appetit! «
(Das »guten Appetit« am Ende wird
in höchsten Tönen gesungen!)

Frühstück

»Guten Morgen, Herr Bäcker,
Ihr Brot, das schmeckt lecker.
Es duftet vom Tisch
und ist immer frisch.
Guten Morgen, guten Morgen. «

(Autor unbekannt)

MAGNETWAND

Am Kühlschrank oder einer extra Magnet-
wand Magnete abnehmen und wieder
hinklicken macht schon den ganz Kleinen
Spaß. Es gibt zum Beispiel viele schöne
Tiermagnete. Aber auch große bunte Buch-
staben, Zahlen oder einfach nur verschiedene Formen sind geeignet. Klack hin, zack
weg – das macht Spaß.

WIE DIE GROSSEN

Kinder lieben es, die Handlungen von
uns Großen nachzuahmen, zum Beispiel
beim Kochen. Basteln Sie aus einem Karton einen kleinen Herd: Kleben Sie runde
Korkuntersetzer als Herdplatten auf und
Flaschendeckel oder Knöpfe als Schalter
(das alles können Sie natürlich auch einfach aufmalen). Vorne schneiden Sie eine
Türe rein, damit man das »Backrohr« auf-
und zuklappen kann. Noch ein paar kleine Kochutensilien– und schon kann das
Kochen losgehen.

BEIM ESSEN

Ich finde es sehr wichtig, dass Babys, wenn
sie sitzen können, immer mit am Tisch sitzen. So gewöhnen sie sich an den Rhythmus und an die Gemeinschaft. Auf einem

eigenen Hochstuhl, mit einem eigenen Teller (kann ja auch ein Plastikteller sein), einem Fläschchen oder einer Schnabeltasse – da gehört man doch erst richtig dazu!

Legen Sie Ihrem Schatz einige Nudeln, einen Zwieback oder ein Stück Knäcke-brot auf den Teller, dann kann es »mites-sen« und ist gleichzeitig beschäftigt. Wie spannend kann doch eine Spaghetti sein. Oder Sie legen einmal einen Eis-würfel auf Babys Teller. Was passiert?

Wäscheklammern

Keine Mama der Welt kann den ganzen Tag mit ihrem Baby spielen – und das muss auch gar nicht sein. Lassen Sie Ihr Kind einfach zusehen oder setzen Sie es daneben, wenn Sie zum Beispiel die Waschmaschi-ne ein- und ausräumen, Fenster putzen, Kochen oder andere Arbeiten verrichten. So lernt es jeden Tag dazu.

Ich hatte meine eigenen Babys am Anfang bei der Hausarbeit im Trage-tuch. Während ich Wäsche zusammenlegte, freuten sich die beiden, als sie dann etwas älter waren, immer über den kleinen Korb mit Wäsche-klammern. Sie wissen schon: ausräumen, untersuchen, einräumen.

Essen!

»Öffne dein Mündchen – Hündchen –
nur für ein Sekündchen.
Und schwuppdiwupp, rein damit.
Guten Appetit! «

auf CD ## Tischspruch

»Klopf, klopf – wer mag das sein?
Tür auf – komm (doch) herein!
Küsschen hier und Küsschen da.
Hey, wie geht's? Und blablabla.
Ach wie schön, dass ich dich seh!
Möchtest du ein Tässchen Tee?
Nun reich mir deinen Teller,
dann geht's ein bisschen schneller.
Hier ein Stückchen Kuchen,
den musst du mal versuchen.
Frisch gebacken – riech den Duft
in der Luft! *(einatmen)*
Der ist exquisit! Guten Appetit! «

Piep, piep, Mäuschen

»Piep, piep, Mäuschen,
komm aus deinem Häuschen.
Piep, piep, piep, guten Appetit! «

LÄTZCHEN ✂

Ein Lätzchen für die Mami ist zwar praktisch, weil sie dann weniger Flecken aus dem T-Shirt waschen muss, aber bald auch lästig. Wenn das Baby größer wird, stellt es bald fest, dass kein Erwachsener ein Lätzchen trägt (meistens jedenfalls). Sicher haben Sie ein schönes T-Shirt, das Ihrem Kind nicht mehr passt, aber ein schönes Motiv auf der Vorderseite hat. Schneiden Sie doch einfach die Ärmel und das gesamten Rückenteil ab, sodass nur noch der Ausschnitt und die Vorderseite übrig bleiben. Schon haben Sie ein schöneres, schickeres Lätzchen. Ist vorne drauf zum Beispiel Pu der Bär, können Sie sagen: »Halt, den Pu müssen wir noch anziehen.« Das findet dann auch das Baby toll.

TISCHRITUALE

Babys lieben Tischrituale. Wenn sich vor dem Essen alle an der Hand nehmen und sich einen guten Appetit wünschen, ein Tischgebet sprechen oder ein Tischlied singen, findet ein Baby das ganz wunderbar. Sie werden sehen: Es wird nicht lange dauern, dann streckt es von selbst seine Hände am Tisch aus und will mit einem »Piep, piep, Mäuschen« starten.

Ein bayerisches Liedl 🎵

»Sog, hast du Hunger, dann hol i dir
an Apfel da vom höchsten Bam.
Weil nur die Äpfel,
die der Himmi küsst,
di schmecken
wia im schensten Traum.

I steig auf die längste Leiter,
a Sprossn und dann imma weiter.
Dann pflück i dir den besten ab –
weil i di, weil i di so mog.

Sog, hast du Durscht, ja dann
hol i dir
des frische Regenwasser runter.
Denn nur des Wasser,
das der Himmi küsst,
erfrischt di,
macht di wach und munter.

I steig auf die längste Leiter,
a Sprossn und dann imma weiter.
Dann zapf i eine Wolke an –
damit i dir
deinen Durscht schnell löschen
kann.

Sog, bist du miad, ja dann hol i dir
des weichste wärmste Kuschelbett.
Aus Engelsflügeln ganz federleicht,
leg di nei, mei Kind, 's is scho spät.

Die Engal ham nichts dagegen,
ihre Flügal auszuleihn.
So kannst du di weich auf sie legen,
und du fühlst di heute net so allein.

Und willst du träumen,
dann such i dir
den besten aller Träume aus.
Hier steck ihn schnell
unters Federbett, sonst fliagt er glei
zum Fenster naus. «

37

BABY IN ACTION

»Steig auf, komm mit,
hüha, Pferdchen, los im Schritt.
Gemütlich sitzt der Reiter
und reitet immer weiter.«

Ideen für drinnen

WIE VIEL SPIELZEUG BRAUCHT EIN BABY?
IM GRUNDE KÖNNTE DIE FRAGE AUCH HEISSEN: BRAUCHT EIN BABY
ÜBERHAUPT SPIELZEUG? DIE EHRLICHE ANTWORT LAUTET: NEIN.

Das Leben ist Spielzeug genug. Trotzdem stand auch bei uns in fast jedem Zimmer eine Kiste mit Babyspielsachen herum. Doch die spannendsten Dinge waren eindeutig: Kunststoffschüsseln mit Deckel, die sich ineinander oder aufeinander stellen lassen, Wasser, Bauklötze, Tücher, Fläschchen mit Deckel, die eigenen Hände und Füße und natürlich Mama, Papa und Oma.

Überhäufen Sie das Baby nicht mit Spielangeboten. Ein oder zwei reichen völlig aus. Das Kind wird nur unzufrieden, wenn alles herumliegt und ihm die Entscheidung schwerfällt. Oft sind es gerade die kleinen Dinge, mit denen es sich lange beschäftigt. Setzen Sie sich einfach daneben. Werden Sie zum stillen Beobachter: Schauen Sie einfach nur zu und warten Sie ab, anstatt immer gleich mit dem nächsten Spielzeug parat zu stehen. Ich bin fest davon überzeugt, dass ein Kind sich später umso länger mit sich selbst beschäftigen (und stundenlang im Kinderzimmer spielen) kann, je länger man ihm von Anfang an Zeit lässt, die Dinge ganz genau zu untersuchen.

TOLLES AUS SCHACHTELN

Kisten und Kartons aus Pappe sind ein wunderbares Spielzeug. Aus großen Kisten können Sie Krabbeltunnels für Babys bauen. Verschiedene Öffnungen laden zum Hinein- und Hinauskriechen oder zum Durchgucken ein.

PAPPERLAPAPPE

Die Post ist da! Schneiden Sie Schlitze in eine kleinere Schachtel. Dazu eine kleine Umhängetasche mit Briefen und Postkarten, die Sie gemeinsam in den Briefkasten werfen – fertig.

▶ Passt, wackelt, hat Luft! Schneiden Sie in einen Schuhkarton einen Kreis, ein Quadrat und ein Dreieck. Jetzt kann Ihr Baby versuchen, seine Bauklötze durch die passenden Löcher plumpsen zu lassen.

▶ Einsteigen, bitte! Ein Karton wird zur Eisenbahn, zum Auto oder Schiff für die Stofftiere. Oder Sie bauen ein Bettchen fürs Plüschtier.

SINNESWEG

Die Deckel größerer Schachteln eignen sich gut, um daraus einen Fühlweg durch die Wohnung zu legen. Dazu reihen Sie möglichst viele davon aneinander und füllen sie mit den verschiedensten Materialien, zum Beispiel mit Wollknäueln, Watte, großen Steinen, Blättern, Federn, Bastmatte (Fußabstreifer) und getrockneten Erbsen. Ist alles fertig, begleiten Sie das Baby mit nackten Füßchen von Material zu Material.

KARTONHÄUSCHEN UND ANDERE WUNDERWERKE

▶ Ein großer Karton, Türen und Fenster hineingeschnitten – mit so einem Häuschen können Sie schon früh mit den ersten Rollenspielen beginnen. »Klopf, klopf, ist jemand zu Hause? Ja guten Tag, Frau Müller, ich wollte Sie besuchen.« Haben Sie keine große Schachtel zur Hand, können Sie mit zwei, drei aufgespannten Regenschirmen, Decken und Tüchern ein kleines Zelt bauen.

▶ Meine Kinder liebten Windelkartons. Sie hatten genau die richtige Größe, um sich hineinzusetzen und Auto oder Schiff zu spielen.

BAUKLÖTZE

Würden Sie mich nach einem sinnvollen Spielzeug fragen, das wirklich lang interessant bleibt und dessen Anschaffung sich dadurch tatsächlich lohnt, ich würde Ihnen einen riesigen Kasten mit Holzbauklötzen empfehlen. Die bleiben in jedem Alter spannend: Erst stößt das Baby mit Vorliebe Türme um, die Mama oder Papa gebaut haben. Bald darauf ist es stolz, wenn es selbst drei oder vier Bausteine übereinanderstapeln und wieder umwerfen kann. Später entstehen sogar komplizierteste Bauwerke.

SCHNELLSTRASSE

Haben Sie eine lange Holzlatte? Oder irgendwo noch ein Holzbrett im Haus? Lehnen Sie es einfach gegen einen Stuhl oder gegen das Sofa und lassen Sie ein Spielzeugauto hinunterfahren. Mal sehen, wie weit es kommt. Mit einem größeren Fahrzeug kann sogar mal ein kleines Stofftier die Fahrt wagen. Vielleicht mit einem Gummi angeschnallt, damit es nicht herunterfällt.

 **Türmchenbau**

»Kommt ein Mäuschen,
baut ein Häuschen.
Beide Hände bilden ein Dach.
Kommt ein Mückchen,
baut ein Brückchen.
Die Hände legen sich zu einer Brücke
übereinander.
Kommt ein Würmchen,
baut ein Türmchen.
Beide Fäuste zu einem Turm überein-
ander setzen.
Kommt ein Floh,
und der macht: Soooooo! «
Jetzt kitzeln Sie das Baby am Bauch
oder am Hals.

(Autor unbekannt)

Die Brücke

»Auto fährt,
Brücke bricht,
Mücke sticht! «
(Autor unbekannt)

Das Kind legt zwei Finger wie eine
Brücke aneinander. Sie spielen jetzt
mit Ihrem Finger das Auto, das über
diese Brücke fährt. Wenn Sie in der
Mitte angekommen sind, »zerbricht«
die Fingerbrücke. Ihr Zeigefinger
wird zur Mücke und sticht das Kind in
den Bauch, dass es kitzelt. Und
gleich noch mal.

Mein Baby, der Turmschreck

Natürlich macht es den Kleinen noch mehr Spaß, Türme aus Schachteln, Bechern oder Bausteinen zu zerstören, wenn die Eltern so tun, als würden sie sich darüber unglaublich aufregen. Eine Handbewegung meines Sohnes und der Turm war kaputt. »Oh, Jakob Turmschreck!«, »schimpfte« ich los. Er lachte sich kringelig – und konnte das Spiel endlos wiederholen.

Autofahrt

»Tut, tut, tut – steig ein,
hast du 'nen Führerschein?

*Die Nase des Kindes oder einen
Knopf am Pulli drücken, um zu
»hupen«.*

**Anschnallen und Schlüssel rein,
Brummm – das klingt fein!**

*So tun, als ob man das Kind an-
schnallt und gleichzeitig Autogeräusche nachahmen.*

**Tut, tut, tut – los geht die Fahrt
über Holpersteine.**

Mit den Knien hoppeln.
Das Hoppeln wird stärker.

**Zum Glück sind es ganz kleine.
Töff, töff, töff, wie schnell wir sind.
Um die Kurve wie der Wind.**

*Kind in die Kurven legen und weiter
hoppeln.*

Schneller, schneller – rechts und
links.

Der Auspuff raucht – hier stinkt's.

Nase zuhalten.

**Brumm, brumm, brumm, tatütata.
Da kommt der Polizist,**

*»Bremsen« (vielleicht mit einem lau-
ten »liiitschsch«).*

**weil wir zu schnell gefahren sind.
So ein Mist! «**

Das Kind kitzeln.

WUNDERBARE TÜCHER

Was lässt sich mit einem Tuch alles anstellen? Man kann etwas darunter verstecken –
und das Baby muss suchen (»Wo ist die kleine Ente? Da ist die kleine Ente!«). Man kann
auch das Kind selbst kurz darunter »verstecken« und erstaunt fragen: »Wo ist denn
mein Schatz?« Dann zieht man das Tuch weg und sagt (natürlich ebenso erstaunt): »Da
ist das Baby.« Sie können sich sogar selbst unter dem Tuch verstecken und warten,

dass der Nachwuchs Ihnen das Tuch wieder ganz vergnügt vom Kopf zieht. Sie können mit einem Tuch aber auch dem Teddybär ein schönes Kleid daraus zaubern oder dem Kleinkind, das schon laufen kann, ein Tragetuch um den Bauch binden, mit dem es die Puppe tragen kann – wie die Großen. Man kann das eine Tuchende dem Baby in die Hände geben und ein bisschen Tau ziehen. Wie ein kleines Kräftemessen.

Ein großes Laken ist ein tolles Spielzeug, wenn mehrere Kinder beisammen sind, zum Beispiel in der Krabbelgruppe. Legen oder setzen Sie dann die Kinder in die Mitte des Raums. Die Mütter (es müssen mindestens zwei sein), senken und heben nun den Stoff über den Kindern. Dabei entstehen eine schöne Wellenbewegung und ein leichter Luftzug. Wenn Sie statt des Lakens Malerabdeckfolie verwenden, knistert es auch noch schön.

Windel, Wickel, Tücher

Hat Ihr Kind auch ein »Spucktuch«? Unsere Babys hatten immer so ein weißes Moltontuch. Wir benutzen es noch heute. Denn weil es so weich ist, eignet es sich hervorragend für Hals- oder Wadenwickel. Also wenn Sie auch solche Tücher besitzen: Nicht gleich weiterschenken, wenn das Baby nicht mehr im »Sabberalter« ist.

Allerdings denke ich im Nachhinein, dass man statt der Stoffwindeln auch ein Stück schönen farbigen Stoff umfunktionieren hätte können. Schließlich steht nirgends, dass ein Spucktuch auch nach Spucktuch aussehen muss. Und waschen muss man beides.

 Fünf Gespenster

»Fünf Gespenster
hocken vor dem Fenster.
Das erste schreit: Haaaa!
Das zweite heult: Hooo!
Das dritte brummt: Huuuu!
Das vierte lacht: Hiii!
Das fünfte schwebt zu dir herein
und flüstert: Wollen wir Freunde sein? «

KLEINE BASTELEIEN UND KUNSTWERKE

Kinder sind erst mal kreativ. Sie benutzen ihre Fantasie, um zum Beispiel aus einem Sofa ein Schiff zu bauen oder um eine Mütze in einen Schlafsack für den Teddy zu verwandeln. Aus Fantasie entsteht Kreativität. Leider kommt vielen Menschen im Laufe ihres Lebens ein Stück davon abhanden. Pflegen Sie Ihre Kreativität. Versuchen Sie einfach Kleinigkeiten für das Baby zu basteln, die allen Beteiligten Spaß machen.

KLEINE GESPENSTER

Aus Taschentüchern lassen sich – schwuppdiwupp – niedliche kleine Gespenster-Stabpuppen zaubern. Dazu müssen Sie nur ein bisschen Watte um einen Kochlöffel legen, ein Stofftuch darüberbreiten und ein Stückchen Wolle so darum binden, dass ein Kopf entsteht. Jetzt noch Augen und Mund mit einem schwarzen Stift aufmalen – und das Gespenstertheater kann beginnen.

WI-, WA-, WASCHLAPPEN

Viele Babys lieben es, an einem nassen Waschlappen zu saugen. Und natürlich ist es wunderschön, wenn Sie beim Baden mit einem Waschlappen über die Haare des Babys, über den Bauch, schließlich über den ganzen kleinen Babykörper streicheln. Aber das ist noch längst nicht alles.

▶ Nähen Sie ein paar Dinge auf einen Waschlappen: ein kleines Stück Stoff, verschiedene Knöpfe, Bänder, Knisterfolie … Dann schlüpfen Sie mit der Hand in den Waschlappen und halten dem Baby das spannende Fühlspielzeug vor Augen. Sie können aber auch den Waschlappen mit Knisterfolie füllen.

FINGERPUPPEN ✂

Lustige Fingerpuppen können Sie ganz leicht selbst basteln – und das auf unterschiedliche Arten:

▸ Sie können zum Beispiel die Finger von alten Handschuhen abschneiden, mit Gesichtern besticken und Haare aus Wolle annähen. Sie können aber auch gleich einen Handschuh im Ganzen mit fünf kleinen verschiedenen Figuren verzieren: König, Prinzessin, Zauberer, Löwe, Kasperl.

▸ Oder Sie basteln richtige kleine Fingerpüppchen aus Filz: zweimal die Grundform ausschneiden und am Rand mit Klebstoff zusammenkleben (oder -nähen). Jetzt noch die Gesichter, Hüte, Haare und Kleider aus verschiedenfarbigem Filz aufkleben – fertig.

▸ Noch schneller geht es, wenn Sie mit einem Schminkstift (Filzstift geht auch, lässt sich nur manchmal nicht mehr so gut abwaschen) auf jeden Finger ein kleines, witziges Gesicht malen.

▸ Kleben Sie kleine Spitzhüte aus buntem Tonpapier und setzen Sie jedem Finger einen davon auf.

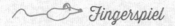 *Fingerspiel*

»Zipp, Vorhang auf.

Sie öffnen mit zwei Fingern einen
imaginären kleinen Vorhang.

Guten Tag, meine Damen,
guten Tag, meine Herrn,

Der Kasperlzeigefinger begrüßt das
Babypublikum.

habt ihr denn alle das Kasperle
gern?

Jetzt müssen alle »Jaaa!« rufen.

Da hol ich mir den Seppl gleich,
wir machen manchen lustigen
Streich.

Der andere Zeigefinger »Seppl«
kommt.

Wir schlagen uns,

Die Zeigefinger balgen sich.

und wir vertragen uns.

Die Zeigefinger streicheln sich.

Da kommt die Hexe Huckebein:
›Kasperl, du sollst verzaubert sein!‹

Der Seppl geht, die Hexe kommt (der
Zeigefinger macht einen »Buckel«).

›Nein, nein, Hexe, da wird nichts
draus,
Marsch mit dir ins Hexenhaus!‹

Der Kasperzeigefinger schüttelt sich.
Die Hexe geht.

Da kommt ein grünes Krokodil
mit seinem Maul, das frisst ganz viel.

Die Hand kommt als Krokodilmaul
wieder.

Das hat sich leicht ins Gras geduckt
und hat den Kasperl halb verschluckt.

Das Krokodil duckt sich, springt hervor
und schnappt sich den Kasperlfinger.

Der ruckt und zuckt – mit einem Bauz
– ist der Kasperl wieder heraus.

Kasperl zieht sich raus.

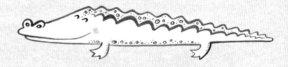

Jetzt geht es schlecht dem Krokodil,

Kasperl schimpft mit erhobenem Zei-
gefinger.

es rennt so schnell es kann zurück
zum Nil.

Krokodil geht.

›Jetzt hol ich mir mein Gretelein.

48

Gretelein, Gretelein, wir wollen
lustig sein.‹
Gretel kommt.
Tritratrallala, tritratrallala.
Zipp, Vorhang zu.
Jetzt hat der Kasperl seine Ruh! «
Den imaginären kleinen Vorhang
zuziehen. Beide Hände aufeinander
und den Kopf darauflegen. Augen
schließen und schnarchen.
(Autor unbekannt)

Fünf Freunde hab ich

»Fünf Freunde hab ich:
Der Tom der ist mein Kamerad,
mit dem spiele ich sehr gern Pirat,
hey ho!
Mit meinem Freund, dem Bert,
da geb ich ein Konzert – törö.
Mit Ottokar, dem Langen,
da spiel ich immer Fangen.
Hab dich.
Zaubern kann ich gut mit Tim –
hokuspokus, simsalabim.
Und ganz zum Schluss
kriegt das Fritzchen einen Kuss
(schmatz). «

Fünf Freundinnen hab ich

»Fünf Freundinnen hab ich:
Hier meine Freundin Lotte,
mit der esse ich Karotte.
Und mit der Jule
gehe ich zur Schule.
Mit der Lisa fahr ich nach Pisa.
Mit Renate geh ich in Karate.
Doch diese kleine hier heißt Anke,
die küss ich und sag leise Danke! «

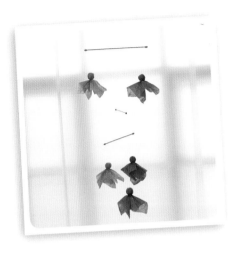

MOBILE

Ein selbst gemachtes Mobile ist nicht nur schön anzusehen, es ist auch eine wunderbare Beschäftigung für das Kind. Die Tätigkeit liegt allerdings einzig und allein im Beobachten. Wie dreht sich was, was dreht sich wie? Faszination pur.

▶ Zu Hause oder im Freien: Spannen Sie eine Schnur von einem Stuhl zum Schrank oder von einem Baum zum anderen. Hängen Sie daran leichte Tücher, Stofffetzen, Glöckchen, Perlen oder Holzringe. Solange das Baby noch nicht greifen kann, erfreut es sich einfach an den Dingen – vor allem, wenn sie sich im Wind bewegen. Greift es schließlich danach, sollte es auch die Möglichkeit haben, das ein oder andere Teil etwas zu sich heranzuziehen. Achtung: Kleine Dinge wie Perlen und Knöpfe immer gut verknoten, damit das Baby sie nicht abziehen und verschlucken kann.

MALERMEISTER

▶ Früh übt sich: Geben Sie Ihrem Kind ein großes Blatt Papier und drücken Sie ihm einen dicken Wachsmalstift in die Hand. Zeigen Sie ihm, was passiert, wenn es mit dem Stift das Papier berührt. Vielleicht entsteht so ein erstes Kunstwerk. Oder lassen Sie es mit Fingerfarben malen. Das ist zwar ein ziemliches Geschmier, aber für das Baby fühlt es sich einfach toll an – wie Creme. Legen Sie eine Folie unter und lassen Sie das Baby nur mit Windel malen, dann wird auch nichts schmutzig.

▶ Maskerade: Besorgen Sie sich runde Pappteller, auf die Sie einfache Gesichter malen. Nun können Sie Ihr Gesicht gegen ein Pappgesicht »tauschen« – und schon beginnt das Versteck- oder Rollenspiel.

LUSTIGE ROLLENSPIELE

Schon ganz kleine Babys finden es unglaublich faszinierend, wenn man in eine andere Rolle schlüpft. »Guten Tag, Herr Bäcker, ich hätte gern zwei Brötchen und drei Brezen.« Oder wie wäre es mit einer kleinen Teeparty für die Kuscheltiere? Alle Plüschtiere sitzen am Tisch: »Noch ein Stückchen Kuchen, Herr Hase? Nein? Oh, ach so, Sie müssen auf Ihre Linie achten.« Gehen Sie als Piraten auf Schatzsuche. Kaufen Sie bei Frau Müller im Kinderzimmer ein. Dazu braucht es nur einen kleinen Tisch und einige Behälter, Körbe oder Schüsselchen mit Kastanien, Blättern, Walnüssen oder Ähnlichem.

Die meisten Kinder sind schon im Krabbelalter dazu in der Lage, in die Rolle eines Hundes zu schlüpfen. Sagen Sie einfach: »Ja, wer kommt denn da, der kleine süße Hund?« Wenn Ihr Kind schließlich laufen kann, sind erste Bewegungsspiele möglich. Zum Beispiel das Spiel von der Vogelscheuche auf der nächsten Seite.

Die Vogelscheuche

»Auf dem Feld steht eine Vogelscheuche mit einem Hut und Stroh
im Bauch.

*Hut und Bauch mit den Händen
andeuten.*

Und eine Jacke hat sie auch.

*Eine unsichtbare Jacke um sich
schlingen.*

Sie steht und steht und steht da
rum – stumm. Ganz allein.

Kleine stumme Pause.

Weil sie nicht gehen kann,
denn sie hat nur ein Bein.
Auch tanzen kann sie nicht
und hüpfen und springen.
Das Einzige, was sie kann,
ist wunderschön singen:
Lalalalala.

Jetzt singt die Vogelscheuche.

So steht sie da und singt.
Sie singt und singt und singt
und singt,
bis es dem Bauer wirklich stinkt.

*Der Bauer stemmt die Hände in die
Hüften und stampft wütend mit dem
Fuß auf die Erde.*

Denn alle Vögel aus der Ferne
haben den Gesang so gerne,
dass sie angeflogen kommen.

*Die Vögel setzen sich rund um die
Vogelscheuche.*

Und kaum haben sie Platz genom-
men, beginnt ein großes Pfeifkonzert,
das man bis nach China hört.

*Da die kleinen Kinder wahrscheinlich
noch nicht pfeifen können, piepen jetzt
die Vögelchen drauflos, was das Zeug
hält.*

Und so ist die Vogelscheuche bald
nie mehr allein und
auch nicht stumm.

*Die Vogelscheuche
nimmt ihre Vögel-
chen glücklich
in die Arme.*

Und nur der Bauer
findet's dumm. «

*Der Bauer ärgert
sich immer noch.*

Beim Friseur

Auch wenn Ihr Baby vielleicht noch nicht so viele Haare auf dem Kopf hat – dieses Spiel ist eine schöne Kopfmassage und gefällt ihm auf jeden Fall.

»Guten Tag, Frau Müller.

Hand zur Begrüßung reichen.

Ihr Haar ist der Knüller.

Haare bewundern.

Ich schneid nur schnipp und schnapp

Mit den Fingern eine Schere nachmachen.

noch schnell was davon ab.

Und die Haare damit »schneiden«.

Guten Tag, Herr Meier.

Hand zur Begrüßung reichen.

Immer die alte Leier.

Kopf schütteln.

Vorne kurz und hinten lang, na dann ...

Wieder mit der Fingerschere »schneiden«.

Guten Tag, Herr Huhn.

Hand zur Begrüßung reichen.

Was kann ich für Sie tun?

Herrn Huhn ernsthaft ansehen.

Eine Glatze? Sind Sie sicher?

Hände erschrocken zum Gesicht führen.

Hör'n Sie auf mit dem Gekicher.

Kind kitzeln

(wenn es noch nicht kichert).

Gut, dann schneid ich, schnipp und schnapp, alle Haare ab.

Wieder die Finger zur Schere machen und schneiden.

Pony, Stufen oder Zopf?

Haare zerzausen.

Wie wär's mit einem neuen Kopf?

Haare rot und Haare grün?

Mal sehn!

Den Kopf massieren, als würde man die Haare waschen und färben.

Haare waschen, föhnen, legen,

Haare anpusten – wie ein Föhn.

Haare von den Schultern fegen.

Durch die Haare wuscheln.

Einmal wuscheln, bitte sehr.

Stets zu Diensten, Ihr Friseur! «

Handkuss oder Hand zum Abschied reichen.

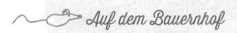

Auf dem Bauernhof

»Muh, muh, muh, kleine Kuh.
Gibst du mir Milch?
Ja, du kannst dich selbst bedienen,
musst nur an den Zitzen ziehen.
Mhm, die schmeckt – perfekt!
Muh, muh!

Mäh, mäh, mäh, kleines Schaf –
mir ist so kalt.
Gibst du mir Wolle von dir ab?
Doch Halt!
Schneid nicht zu viel von mir weg,

sonst such ich ein Versteck,
weil ich dann nackig bin –
und das ist blöd!
Blöööök!

Book, book, kleines Huhn.
Krieg ich ein Ei?
Ich hab auch Gerstenkorn
für dich dabei.
So tauschen wir Korn
gegen Eier aus
und machen uns ein gutes
Frühstück draus!
Book, book!«

WO DIE WILDEN TIERE WOHNEN

Ob Käfer, Tauben oder Hunde, die einem auf dem
Spaziergang begegnen: Tiere sind für Babys einfach
faszinierend. Da kann man nur sagen: Ui!

PUPPEN UND BÄREN

Die ersten Strampler sind ja oft so winzig,
dass sie sogar Puppen oder Bären passen.
Es ist eine schöne Erinnerung an die Babyzeit, wenn später der Teddy auf dem Bett
einen Erstlingsstrampelanzug trägt.
Übrigens für Puppenmamis: Die kleinste

Babykleidungsgröße ist im Schlussverkauf oft günstiger und schöner als teure Puppenkleidung aus dem Spielwarengeschäft.

KNIEREITER

Egal wie man es nennt, Kinder lieben das Hopsen, Traben, Schaukeln, Plumpsen und die immer wiederkehrenden Sprüche dazu. Kniereiter fördern den Gleichgewichtssinn und das Vertrauen, immer gehalten zu werden (selbst dann, wenn der Reiter in den Graben fällt) – und sorgen für Bewegung. Außerdem schulen sie wegen der wiederkehrenden Lieder und Reime gleich noch die Sprache.

Alles, was Sie brauchen, sind ein paar Knie, die das Kind hoppeln lassen, zwei starke Hände, die es halten, und einen Reim im Gedächtnis.

Hüha, Pferdchen

»Steig auf, komm mit,
hüha, Pferdchen, los im Schritt.
Gemütlich sitzt der Reiter
und reitet immer weiter.
(Zungenschnalzen.)
Doch langsam wird's dem
Pferdchen fad
und es lieber traben mag.
Terapterapterapterap.
Und wenn es dir zu schnell wird,
dann sag doch einfach Stopp.
Denn sonst läuft jetzt dein Gaul
im Galopp.
Dedengdedengdedengdededeng.

Pass auf, da vorn,
du musst schon schaun,
da springt dein Pferdchen
über den Zaun.
Wihhhhhhaaaaaaa.
Und nur der Reiter,
der reitet nicht weiter.
Der liegt im Matsch – platsch!«
Bei diesem Kniereiter richten sich das
Tempo und das
Hoppeln nach dem
Reim. Am Schluss
öffnen Sie die Knie
und lassen das
Baby sanft hinein-
plumpsen.

KLEINE FORSCHER

Wissen Sie, was das tollste Spielzeug für ein Kleinkind wäre, wenn es ein Spielzeug wäre? Ein Mischpult! Sie haben nämlich sicher auch schon festgestellt, wie interessant zum Beispiel die TV-Fernbedienung oder ein Handy sind?

Wenn Sie also irgendein altes Gerät haben, das nicht mehr gebraucht oder sogar kaputt ist (Hauptsache mit vielen Tasten und Knöpfen oder sogar noch mit Wählscheibe): Her damit!

ERSTE EXPERIMENTE

▷ Gehen Sie einfach einmal aufmerksam durch die Wohnung und suchen Sie nach Dingen, die für Ihr Baby interessant zum Erforschen sein könnten. Klar, für ein Baby ist natürlich alles spannend – vom Computer bis zur leuchtend roten Herdplatte. Aber Sie finden sicher irgendetwas, das gleichzeitig interessant und ungefährlich ist.

▷ Bieten Sie dem Baby immer neue Materialien an, die es erforschen, ertasten und mit denen es spielen kann. Was es allein an Papier und Folien gibt: Wie hört sich

zum Beispiel ein Bogen Seidenpapier an, wenn man ihn zerknüllt? Wie fühlt er sich an?

▷ Auch Frischhalte- oder Alufolie sind sehr spannend. Oder toll knisternde, kleine Plastiktüten (Vorsicht, sie dürfen nicht so groß sein, dass das Baby sie über den Kopf ziehen kann). Die segeln auch schön langsam zu Boden, wenn man sie von weiter oben fallen lässt. Auch besonders toll: Luftpolsterfolie. Die macht ab und zu sogar auch mal »peng«.

CREMEBABY

Die Konsistenz von Creme ist ja schon etwas merkwürdig – wie würden Sie sie beschreiben? Schmierig? Weich?
Wenn Sie vor Sauerei nicht zurückschrecken, dann lassen Sie Ihr Baby ruhig mal damit experimentieren. Es ist schon ein Erlebnis für das Baby, die Finger in den vollen Creme-topf zu tunken und die Creme irgendwo zu verschmieren.

BITTE KRÄFTIG KNETEN

Teig fühlt sich einfach gut an. Wenn Sie auch Ihr Baby einmal fühlen lassen wollen, empfehle ich einen einfachen Salzteig. Der schmeckt nicht besonders gut, deshalb wird das Baby ihn höchstwahrscheinlich auch nicht aufessen. Hier kommt das Rezept:

▶ **2 Tassen Mehl • 1 Tasse Salz • 1 Tasse Wasser • 1 Teelöffel Öl**
Alle Zutaten in einer Schüssel mischen. Wenn Sie Teig in verschiedenen Farben möchten, färben Sie Teile der Masse einfach mit Lebensmittelfarben ein.

▶ Größere Geschwister können daraus schon kleine Figuren kneten oder »Plätz-chen« ausstechen und diese dann sogar brennen (im Ofen 30–40 Minuten bei 150 Grad) und danach anmalen. Essen kann man das Gebäck dann zwar leider immer noch nicht, aber als Zwischen-durch-Geschenke für Omas und Opas ist es sehr beliebt.

▶ Wollen Sie nur kneten, ist dieses Rezept fast noch besser. Denn die Masse bleibt – gut verschlossen in einem Kunststoffbehälter mit Deckel – auch längere Zeit elastisch.
½ Tasse Salz • 1 Tasse Mehl • 1 Tasse Wasser • 1 TL gereinigter Weinstein (Apotheke) • 2 EL Öl • Lebensmittelfarbe

SUCHBILDER

Kleben Sie ein Wimmelbild, auf dem das Baby immer wieder etwas Neues entdecken kann. Sie können zum Beispiel eine Landschaft malen – mit Seen, einem Weg, Häusern, einem Bauernhof oder einem Rummelplatz. Dann suchen Sie Fotos von sich und Ihrer Familie – vielleicht sogar von Ihren Freunden und Nachbarn –, schneiden die Figuren aus und kleben sie in das Bild. Oder Sie schneiden Tiere und Autos aus einer Zeitschrift aus. Das ist übrigens auch eine schöne kreative Beschäftigung für ältere Geschwister.

FLASCHEN

Kunststoffflaschen sind toll, weil man so
viel damit machen kann, zum Beispiel:

▶ Mit Wasser und Lebensmittelfarbe in
unterschiedlichen Farben befüllen
und Fischchen, Glitzer, Knöpfe oder
andere kleine Dinge dazugeben, die
darin herumschwimmen. Fest
zuschrauben – und jetzt kräftig
schütteln und staunen.

▶ Spannende Rhythmusinstrumente
basteln, indem Sie zum Beispiel getrocknete Erbsen, eine Murmel
oder kleine Steinchen einfüllen (für die Optik vielleicht noch ein paar Konfetti
dazu). Wieder gut verschließen. Und los geht's – klappern, klappern, klappern.

▶ Einige Flaschen aufstellen und dem Baby zeigen, wie es diese Kegel mit einem
Ball zum Stürzen bringen kann.

Komm, wir räumen auf!

»Gespielt wird im Kinderzimmer« – diese Regel hat bei uns wie bei
vielen anderen Familien auch nie funktioniert. Gespielt wird erst einmal
da, wo Mama und Papa sind. Und das ist mal das Wohnzimmer, mal die
Küche, mal das Bad. Kein Wunder, dass das Spielzeug schnell in der gesamten Wohnung herumliegt. Mein Tipp: Kaufen Sie sich einen großen
Korb und werfen Sie am Abend alles hinein. Wenn das Baby größer ist,
kann es mithelfen. Machen Sie aus der Aufräumarbeit ein Spiel. Dabei
lernt das Kind gleich, dass Aufräumen auch zum Tagesablauf gehört.

SCHLÜSSELBUND

Faszinierend ist für die Kleinen ja immer der Schlüsselbund. Sie lieben es, ihn in den Händen zu halten und damit zu klappern. Warum bauen Sie Ihrem Kind also nicht ein Kästchen oder ein Brett mit Schlüssellöchern und überlassen ihm einen eigenen Schlüsselbund aus lauter alten Schlüsseln, die nur ihm gehören?

SPIEGEL

Haben Sie eine Spiegelfliese oder irgendeinen anderen Spiegel, der nur so herumliegt? Jetzt haben Sie ein Plätzchen dafür: Bringen Sie ihn knapp über der Fußbodenleiste an der Wand bei Babys Spieldecke an. Wenn es auf dem Bauch liegt, kann es sich selbst beobachten – es muss dazu nur den Kopf heben.

TOILETTENPAPIER

Trennen Sie sich von einer Rolle Toilettenpapier und lassen Sie Ihr Baby damit spielen. Erst kann man sie hin- und herrollen, dann plötzlich lässt sie sich auswickeln – und das Papier wird immer mehr …

ES REGNET

Für Ihr Baby ist es am Anfang etwas ganz Besonderes: Da prasselt plötzlich etwas ans Fenster. Regentropfen. Erstaunt beobachtet es, wie die Tropfen vom Himmel fallen: große, kleine, erst nur ein paar, dann immer mehr. Und an der Scheibe fließen sie hinunter, schließen sich mit anderen zusammen, werden immer größer und veranstalten miteinander ein Wettrennen. Ihr Baby sieht so viele Dinge zum ersten Mal, denen wir keine Beachtung mehr schenken.

REGENTROPFEN BEOBACHTEN

▶ Stellen Sie sich, wenn es regnet, mit dem Baby ans geschlossene Fenster und lassen Sie es die Tropfen an der Scheibe beobachten.

▶ Wenn Sie bei Regen einen Spaziergang machen, öffnen Sie Ihre Hand und zeigen Sie dem Baby, wie die Tropfen auf sie fallen. Oder öffnen Sie Ihren Mund und lassen Sie sich einige Tropfen auf die Zunge fallen. Zeigen Sie Ihrem Baby, dass Regen auch etwas Schönes sein kann.

REGENROHR ✂

Aus einem Papprohr (Küchenrolle oder Geschenkpapier) wird im Nu ein Regenrohr. Kleben Sie dazu die eine Öffnung mit Klebeband zu und füllen Sie auf der anderen Seite Reis oder kleine Steinchen hinein. Nun diese Öffnung ebenfalls zukleben und hin- und herdrehen.

Es regnet

»Es regnet, es regnet,
es tröpfelt, es tröpfelt.
*Mit den Fingern auf den Tisch
trommeln.*
Es hagelt, es hagelt,
Lauter werden.
es donnert und blitzt!
*Mit der Hand auf den Tisch schlagen
(Donner) und in die Hände klatschen
(Blitz).*

Alle Leute gehen ins Haus
Die Finger laufen auf dem Tisch.
und kommen mit einem Regenschirm
wieder heraus! «
*Die andere Hand wie einen Schirm
über die Finger halten.*

(Autor unbekannt)

Tripp, tropf

»Tripp, tripp, tropf,
es regnet auf deinen Kopf.
Tripp, tripp, tru,
es prasselt auf deinen Schuh.«

BRAVO, BABY! FEIN GEMACHT!

Wie stolz sind die Kleinen, wenn sie es schaffen, die Hände zum Klatschen zusammenzubringen. Meist klatschen die Erwachsenen gleich mit, denn sie freuen sich genauso wie das Baby. Applaus bedeutet Anerkennung – und wir sollten unser Kleines ruhig oft loben.

auf CD *Mein Körper*

»Ich hab zwei Augen,
damit ich erkennen kann,
bei mir ist noch viel mehr
an meinem Körper dran *(aha)*.
Ich hab 'ne Nase, für die sag ich
vielen Dank *(riechen)*.
Mit dieser rieche ich Geruch und
auch Gestank *(igitt)*.
Ich hab zwei Füße und zwei Beine
und sogar 10 Zehn *(stampfen)*,
mit denen kann ich, wo ich hingehn
will, auch hingehen.
Ich hab zwei Arme und zwei Hände
und 10 Finger auch *(klatschen)*,
damit kitzel ich mir über meinen
Bauch *(kichern)*.
Ich hab 'nen Mund,
den klapp ich auf und klapp ihn zu
(Mund auf und zu).
Mmmmmmmmmmm.

Ich hab zwei Ohren, die ich nicht
verschließen kann.
Darum kommt jeder kleinste Laut
auch bei mir an *(kleiner Laut)*.
Doch das Wichtigste von allem,
doch das Wichtigste von allem,
doch das Wichtigste von allem ist
mein Herz – bumm, bumm. «

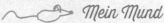 *Mein Mund*

»Mein Mund kann singen *(lalala)*.
Mein Mund kann pusten *(pusten)*.
Mein Mund kann schnalzen
(schnalzen).
Mein Mund kann kauen
(schmatz, schmatz).
Mein Mund kann beißen
(schnapp, schnapp).
Mein Mund kann lachen *(hahaha)*.
Und mein Mund kann küssen
(schmatz).«

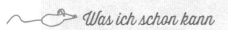

Was ich schon kann

»Ich zeig dir jetzt, was ich
schon kann.
Am besten fange ich vorne an.
Das sind meine Augen,
Auf die eigenen Augen zeigen.
das hier ist mein Mund.
Auf den eigenen Mund zeigen.
Das ist meine Nase,
Auf die eigene Nase zeigen.
mein Bauch ist kugelrund.
Über den Bauch streicheln.
Ich klatsche in die Hände
Klatschen.
und dreh sie hin und her.
*Hände hochhalten, hin- und
herdrehen.*

Ich streichle deine Wange,
Baby streicheln.
das fällt mir gar nicht schwer.
Husten kann ich auch,
Zweimal husten.
ich kitzel deinen Bauch.
Baby kitzeln.
Hatschi! – Gesundheit – danke
schön.
Niesen.
Ich sage jetzt Auf Wiedersehen,
winke, winke – und zum Schluss
bekommst du einen Kuss.
Winken.
Den puste ich zu dir – hier!«
*Sich einen Kuss auf die Hand-
innenfläche drücken und zum
Baby pusten.*

BYE-BYE

Winken ist eines der ersten Rituale, die das Baby sich von uns Großen abschaut. »Sag
bye-bye – tschüss – winke, winke!« Irgendwann hebt das Baby die Hand und versucht
sie hin und her oder auf und ab zu bewegen.

▶ »Give me five«: Das waren die ersten Worte, die unsere Babys auf Englisch ver-
standen. Wir hielten ihnen die offene Hand entgegen, und sie schlugen begeistert
ein. Zeichen und Gesten lernt das Baby schneller als das Sprechen.

Die Treppe

»Zehn Stufen muss ich steigen,
jetzt wird sich sicher zeigen,
ob ich das schon kann –
dann fange ich mal an.
Die erste – nicht der Rede wert,
die steige ich falsch herum –
verkehrt!
Die zweite fällt mir gar nicht schwer,
die dritte wackelt hin und her.
Auf der vierten ruh ich aus,
bei fünf schau ich zum Fenster raus!
Die sechste fängt zu knarzen an,
auf sieben ich raufhüpfen kann.
Dies ist die Stufe acht,
das wäre doch gelacht,
würd ich jetzt aufgeben.
Brauch nur einen Fuß zu heben
und steh auf Stufe neun –
jetzt kann ich mich schon freuen.
Noch eine Stufe muss ich gehen,
das ist die Stufe zehn!
Hurra, ich hab's geschafft –
jetzt bin ich froh und munter
und rutsche auf dem Popo –
alle wieder runter! «

*Diesen Spruch kann man als Knie-
reiter umsetzen oder tatsächlich auf
einer Treppe. Am Anfang kann man
mit den ersten Stufen beginnen –
vielleicht bis zur fünften –, dann
geht's gleich zu: »Hurra ich hab's
geschafft!«*

ALLE VÖGEL FLIEGEN HOCH

▶ Ein uraltes Spiel, das auch den
Kleinen schon gefällt. Bei den
Worten »Alle Vögel« trommelt man
mit den Fingern auf den Tisch oder
auf die Beine, bei »fliegen hoch«
streckt man die Arme in die Luft.
Normalerweise zählt man dann lauter Dinge
auf, die hoch fliegen: Luftballons, Flugzeuge,

Zeppeline oder Fliegende Fische. Und die Mitspieler strecken immer brav die Arme in die Höhe – vorausgesetzt, es fliegt wirklich. Bei Haus, Auto oder Kuh müssen die Arme unten bleiben – sonst ist der Nächste dran.

 Für Babys reicht es, wenn erst mal alles fliegt und vielleicht plötzlich eine kleine Hummel vorbeikommt, die das Kind kitzelt.

Es fliegt, es fliegt ... der Vogel.

Es fliegt, es fliegt ... der Luftballon.

Es fliegt, es fliegt ... die Hummel (und kitzelt das Baby unter den Armen).

KUCKUCK, WO BIN ICH?

Sobald Ihr Baby schon krabbeln kann, hat es auch großen Spaß am Suchen. Verstecken Sie sich doch einfach einmal im Zimmer – unter einer Decke oder unter dem Tisch. Rufen Sie Ihr Kind. Es freut sich immer wieder aufs Neue, Sie wiederzufinden. Sie können natürlich auch Stofftiere in der Wohnung verstecken und dann gemeinsam danach suchen. Und wenn der Papa zu Hause ist, können Sie auch ihn suchen. Wie schön, wenn alle wieder zusammen sind.

SUCHSPIELE

 Lassen Sie einzelne Spielsachen langsam vor den Babyaugen von links nach rechts und ebenso langsam wieder zurückwandern. So lernt das Kind, Dinge mit den Augen zu fixieren und sie zu verfolgen.

 Jetzt verstecken Sie einen kleinen Gegenstand in Ihrer Faust und klopfen beide Fäuste immer im Wechsel und im Takt zum Reim aufeinander. Nach einer Weile soll das Baby auf eine Hand tippen, die sich ihm öffnet. Ist der Gegenstand darin?

Ab nach draußen

LUFT TANKEN, WIND SPÜREN, SONNENSTRAHLEN,
DIE AUF DER NASE KITZELN: DIE WELT DA DRAUSSEN KLINGT ANDERS,
RIECHT ANDERS UND SCHMECKT ANDERS.

VON BÄUMEN UND ANDEREN PFLANZEN

Gibt es etwas Schöneres, als in die Bäume zu schauen? Klappen Sie bei schönem Wetter, wenn Sie mit Ihrem Baby einen Spaziergang machen, das Verdeck herunter, legen Sie das Kind auf den Rücken und lassen Sie es in die Kronen blicken.
Stellen Sie ruhig auch mal den Kinderwagen unter einen Baum. Man kann sich kein

schöneres Mobile vorstellen als die Blätter, die der Wind sacht hin und her bewegt. Vielleicht geben Sie ihm sogar ein Blatt in die Hand. Wie fühlt es sich an? Und jetzt ein verwelktes Blatt. Wie schön das knistert. Zeigen Sie dem Baby auch, wie sich die Rinde des Baums anfühlt.

BABYS BAUM

Wie wäre es, wenn Sie zu Ehren des Neugeborenen einen Baum pflanzen – im Garten oder im Wald? Es ist schön zu sehen, wie der Baum mit den Jahren wächst. Fotografieren Sie ihn zu jeder Jahreszeit. Wenn es größer ist, können Sie dem Kind auch erklären, dass es der Pate für den Baum ist und immer nachschauen muss, wie es ihm geht.

KLANGBUSCH

Hängen Sie in einem Busch im Garten oder vor dem Haus verschiedene Dinge auf, die Geräusche machen, wenn sie vom Wind bewegt werden oder man mit einem Klöppel daran schlägt: kleine Topfdeckel, Blechbüchsen, Windspiele, Glöckchen, Metallrohre, alte Löffel ... Und dann legen Sie sich mit dem Baby unter den Busch und hören zu, wie der Wind Musik macht. Wenn Sie es wilder mögen, schlagen Sie selbst mit einem Stöckchen oder einem Löffel an die »Instrumente«.

Der Baum

»Ich bin ein riesengroßer Baum.
Strecken Sie sich.
Kannst du in die Wipfel schaun?
Sie legen die Hand über die Augen und schauen nach oben.
Im Frühling werde ich geschmückt, mit rosa Knospen schön bestückt.
Breiten Sie die Arme aus und bewundern Sie die Schönheit.
Im Sommer hab ich grüne Blätter, und meine Früchte werden fetter.

Die »Armzweige« werden schwerer.
Dann fallen Frucht und Blatt plötzlich von mir ab.
Deuten Sie das Fallen der Früchte mit der Hand an.
Im Winter ruh ich aus
und seh ganz nackig aus.
Nun sind Sie wieder leicht.
Die Augen schließen.
Ich mache mich bereit für eine neue Jahreszeit! «

Vögelchen

»Es kreist ein kleines Vögelchen um
deinen Kopf herum.
Und wenn es müde wird vom vielen
Fliegen – kannst du es kriegen.
Es kreist ein kleines Vögelchen um
deinen Fuß herum.
Und wenn es müde wird vom vielen
Fliegen – kannst du es kriegen.
Es kreist ein kleines Vögelchen um
deine Hand herum.
Und wenn es müde wird vom vielen
Fliegen – kannst du es kriegen.
Es kreist ein kleines Vögelchen um
deinen Bauch herum.
Und wenn es müde wird vom vielen
Fliegen – kannst du es kriegen.
Es kreist ein kleines Vögelchen um
deine Nase herum.
Und wenn es müde wird vom vielen
Fliegen – kannst du es kriegen.«

*Der Finger ist das Vögelchen. Es
kreist ziemlich schnell, wird aber mit
dem Spruch langsamer und langsamer, bis das Kind schließlich danach
greifen kann.*

auf CD Das Samenkorn

»Ein kleines Samenkorn
lag in der Erde.
Es fragte sich: »Was ich wohl werde?«
Da schien die Sonne auf das Korn,
dem Körnchen wurd's schon
wohlig warm.
Und als der Regen kam,
fing es zu wachsen an.
Es drückte sich mit seiner
ganzen Kraft
durch die Erde durch –
endlich geschafft!
Da stand das Pflänzchen
grün und zart,
und noch bevor der Abend naht,
da öffnete es alle
seine Knospen weit.
Da kam ein Bienchen fröhlich
angeflogen,
bald hat es Nektar aus dem
Kelch gesogen.
Und als die Sonne unterging
und bald der Mond am Himmel hing,
schloss es seine Knospen zu
und ging zur Ruh. «

auf CD Fünf Eier liegen im Nest

»Fünf Eier liegen im Nest.
Das erste knackt, das zweite knackt,
das dritte knackt, das vierte knackt.
Das fünfte bleibt still,
weil es nicht knacken will.
Vier Vögelchen sitzen im Ei.
Das erste schlüpft aus,
das zweite schlüpft aus,
das dritte schlüpft aus,
das vierte schlüpft aus.
Das fünfte bleibt still,
weil es nicht ausschlüpfen will.
Vier Vögelchen strecken
ihre Flügel aus.
Das erste hüpft hoch,
das zweite hüpft hoch,
das dritte hüpft hoch,
das vierte hüpft hoch.
Das fünfte bleibt still,
weil es nicht hüpfen will.
Vier Vögelchen warten.
Sie wollen mit dem Fliegen starten.
Aber das fünfte ist still,
weil es nicht fliegen will.
Jetzt picken und klopfen die Vögel
ans Ei,

da ist es mit der Ruhe vorbei.
Ein Knacken, ein Wackeln,
ein Ruck – Kuckuck! «

*»Erzählen« Sie alles mit den Händen.
Bilden Sie erst ein Nest und zeigen Sie
die Aufzählung 1 bis 4 mit den Fingern. Das fünfte Ei stellen Sie mit der
Faust dar. Am Ende kann aus der Faust
der Zeigefinger der anderen Hand her-
ausschauen und »Kuckuck« rufen.
Sind die Kinder etwas größer, können
sie mitspielen. Einige sind dann die
Vögelchen, die
schlüpfen. Ein Kind
ist das Ei und
liegt zusammen-
gerollt in der
Mitte des Nests –
und will nicht
ausschlüpfen.*

STEINE

Die Natur ist der beste Spielplatz auf der Welt. Und Steine, Stöcke, Blätter sind die weltbesten Spielzeuge. Einen Korb voll Steine – und schon kann man sich eine ganze Weile beschäftigen.

STEINSPIELE

Steinchen auf Wanderschaft

»Ein Steinchen geht auf Wanderschaft,
es wandert hin und her,
es wandert her und wandert hin.
Es sucht sich ein Versteck,
und plötzlich – hast du es bemerkt?
Da ist das Steinchen weg.
Wo ist das Steinchen? «

Dies ist ein Suchspiel. Ein Steinchen wird in die geschlossene Hand gelegt und wandert nun »unsichtbar« von einer Hand in die andere. Am Schluss sind alle Hände geschlossen, und man muss überlegen und raten, wo das Steinchen sein könnte.

▶ Steinmusik: Alles, was Sie brauchen, sind zwei Steine, die so groß sind, dass sie nicht verschluckt werden können, und so groß, dass das Baby sie gut greifen kann. Die kann man jetzt zusammenklopfen. Wie hört sich das an? Und wie klingt es, wenn man die Steine aneinanderreibt?

▶ Steinpuzzle: Gehen Sie auf Steinsuche und legen Sie z.B. ein Tier ... Für ein Pferd brauchen Sie beispielsweise erst einmal einen großen, runden Stein für den Körper, zwei längliche Steine für die Beine und noch zwei für den Hals und den Kopf. Dann malen Sie die Steine an. Mischt man nun die Steine in einer Schachtel durch, hat man ein wunderschönes Steinpuzzle – besonders auch für ältere Kinder toll!

SCHWERTRANSPORTER

Ein kleiner Lastwagen findet sich im Spielzeugsortiment eines Kindes ja eigentlich immer – aber leider fehlt oft die Ladung. Legen Sie einfach eine kleine Kiste

mit Naturmaterialien an, mit denen Sie und
das Baby den Wagen beladen können:
zwei, drei große Steine, einige kleinere und
dazu noch ein paar Hölzchen.

FRÖHLICHES »RUMSANDELN«

Sand ist ein wunderbares Material. Er fühlt
sich so schön an. Man kann ihn einfach
durch die Hände rieseln lassen oder seine
Füße darin eingraben und wieder erschei-
nen lassen. Man kann eine Konditorei
bestücken und viele schön verzierte
Kuchen und Törtchen backen, die gekauft,
geschnitten, verteilt und »gegessen«
(njam-njamnjam) werden.

Haben Sie einen Garten? Dann lohnt sich die Anschaffung eines kleinen Sandkastens
auf jeden Fall. Wenn der Platz fehlt, genügt allerdings auch eine große Schüssel mit
Sand, eine Babybadewanne voll oder einfach ein Sandberg. Wenn Sie vorher eine Plane
auslegen, fliegt der Sand auch nicht überall herum.

SANDSPIELE

- Suchspiel: Verstecken Sie große Glassteine oder angemalte Steine im Sand und
  buddeln Sie mit dem Baby danach.
- Sandzoo: Bauen Sie für kleine Gummitiere tolle Sandlandschaften mit Zäunen aus
  Stöckchen.
- Tropfsteinbauten: Bauen Sie eine Sandburg und lassen Sie sehr nassen Sand
  durch die Finger auf das Bauwerk tropfen.
- Großprojekte: In einem Sandkasten können Sie einen Sessel bauen, ein Raum-
  schiff (Hebel und Tasten aus Stöcken und Flaschendeckeln) oder ein Auto. Und
  natürlich den Klassiker: eine Sandburg mit Burggraben.

Jetzt geht's rund

ALLES IN SICHERHEIT BRINGEN:
MIT DEM KRABBELN ERÖFFNEN SICH IHREM BABY UNGEAHNTE MÖGLICHKEITEN.
EIN KLEINER SCHRITT FÜR DIE GROSSEN, EIN GROSSER FÜR DIE KLEINEN.

KRABBELPARCOURS

▶ Hier entlang: Legen Sie viele Kissen auf den Boden, über die Ihr Baby krabbeln kann, oder gestalten Sie einen Parcours unter Stühlen und Deckentunnel hindurch. Oder hüpfen Sie gemeinsam von Kissen zu Kissen – ein Kissenhüpfweg durch die Wohnung.

▶ Mama-und-Papa-Gebirge: Legen Sie sich nebeneinander mit dem Rücken auf den Boden und lassen Sie Ihr Baby auf sich herumkrabbeln.

FITNESS FÜR MAMA

Wer braucht schon ein Fitnessstudio, wenn er ein Baby hat? Oder haben Sie noch gar nicht bemerkt, wie stark Ihre Armmuskeln geworden sind? Und ist es Ihnen noch nicht passiert, dass Ihre Freundin und Nichtmutter Ihr Baby bald als schweren Brocken bezeichnet, während Sie es lange Zeit ohne Probleme herumtragen können? Die starken Mütter. Wie Sie sich mit Baby noch fitter machen können? Da hab ich mir was ausgedacht:

BABYKARUSSELL

Legen Sie das Baby auf eine Kuscheldecke und drehen Sie diese langsam im Kreis. Ein lustiges Deckenkarussell. Später kann das Kind auch sitzen und Ihnen einen imaginären Cent in die Hand drücken. »Und wieder eine neue Fahrt, das macht Laune, das macht Spaß.« Dieses Spiel ist auch gut für die Krabbelgruppe geeignet – zusammen macht Karussell fahren manchmal noch mehr Spaß.

ÜBER DEN WOLKEN

Legen Sie sich auf den Rücken, ziehen Sie die Knie zur Brust und legen Sie das Baby auf die waagrechten Schienbeine. Halten Sie das Baby mit den Händen fest (wenn es etwas älter ist, können Sie nur noch seine Hände halten) und schaukeln Sie mit angezogenen Beinen ein wenig auf und ab, hoch und runter, vor und zurück. Fünf Minuten einmal am Tag genügen, und Sie bekommen tolle Beinmuskeln.

WO FLIEGT DAS BABY?

Sanft in die Luft geworfen werden ist für alle Kinder ein großer Spaß. Was für ein Gefühl muss es sein, einige Sekunden im Freiflug zu verbringen? Und wie schön ist es, das Vertrauen zu haben, sicher wieder aufgefangen zu werden. Auch im Kreis herumschleudern – herrlich. Als Baby kann man eben noch fliegen (das liegt wahrscheinlich an den kleinen unsichtbaren Flügelchen).

▶ Das Kind kann einige Zentimeter Richtung Himmel fliegen – von Mami zu Papi oder umgekehrt. Stellen Sie sich ganz nah gegenüber, so kann es, kaum aus Papas Händen, sofort von Mama gefangen werden.

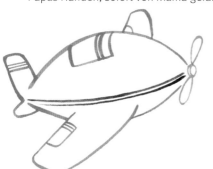

▶ Auch gut, wenn Sie zu zweit sind: Legen Sie das Kind auf eine Decke, fassen jeweils zwei Ecken, heben die Decke hoch und lassen das Kind hin und her schaukeln.

▶ Oder lassen Sie das Baby in Ihren Händen hin und her, nach rechts und links baumeln.

 Ein Flugspruch

»Kleines Küken aus dem Ei,
breit die Flügel aus.
Das Baby ist das Küken und reagiert irgendwann auf diesen Satz, indem es die Arme ausbreitet. Bis dahin können Sie den ersten Satz einfach nur erwähnen, weil es zum Spruch gehört.
Und wir zählen eins, zwei, drei,
Das Baby hochheben.
fliiiiieg in die Welt hinaus!
Baby in die Luft werfen, wieder fangen, erstaunt gucken.
Kleines Küken aus dem Ei,
bist du wieder da?
Ist dein Flugversuch vorbei,
dann piep laut Hurra! «
Bei »Hurra« das Baby umarmen oder die Arme jubelnd in die Luft werfen.

MAMA-AIR

Auch wenn Babys noch keine Flugbegleiter kennen, wird sie dieses Spiel amüsieren: Setzen oder legen Sie sich das Baby auf den Schoß. Imitieren Sie jetzt eine Flugbegleiterstimme, zum Beispiel indem Sie sich beim Reden die Nase zuhalten. »Meine Damen und Herren, ich begrüße Sie recht herzlich zu unserem Flug nach Buxtehude zu Oma Inge. Bitte vergewissern Sie sich, dass Sie angeschnallt sind und Ihr Sitz sich in einer aufrechten Position befindet.« Tun Sie so, als würden Sie das Baby anschnallen und setzen Sie es aufrecht hin. Nun folgt der Start: Das Baby hoppelt auf dem Schoß (der Startbahn) immer schneller und schneller – Flugzeugstartgeräusche von der Mama ergänzen die Flugsimulation. Dann wird das Baby ein wenig angehoben, höher und höher, bis auch Mama schließlich steht, und dann wird es sanft in die Luft geworfen und wieder aufgefangen. »Liebe Fluggäste, wir hoffen, Sie hatten einen angenehmen Flug, und freuen uns, Sie bald wieder an Bord der Mama-Air begrüßen zu dürfen.«

PFERDERENNEN

Bei uns zu Hause gab es regelmäßig »Pferderennen«: »Die Pferde befinden sich in ihren Boxen. Auf dem Pferd Toni Jockey Jakob.« Es klingelt (»drrrring«), und die Pferde preschen los. Jetzt ritt – also hoppelte – das Baby, so schnell es ging. Es legte sich in die Kurven, die bei dieser etwas anderen Rennbahn mal nach rechts, mal nach links gingen. »Und Jockey Jakob hat gewonnen!« Jetzt streckte ich Babys Arme jubelnd nach oben. »Hurra! Hurra! Und nun die Ehrenrunde.«

DENGDELEDENG BONANZA

Kennen Sie die Westernserie »Bonanza«? Meine Babys sind immer zu der Musik davon in die Wildnis geritten. Es war eines unserer Lieblingsspiele und ging so: Ich lag am Boden, meine Füße aufgestellt, wodurch das Baby bequem auf meinem Schoß sitzen und sich falls nötig an meinen Beinen anlehnen konnte. Ich nahm Babys Hände in meine, und der Ritt ging los. (Versuchen Sie, folgenden Text mit der »Bonanza«-Musik zu singen:)

»Dengdeledeng deledengdeledeng Bonanza.
Dengdeledeng deledengdeledeng, wir reiten um die Welt.
Dengdeledeng deledengdeledeng Bonanza. (Das ist der höchste Ton.)
Dengdeledeng deledengdeledeng, dahin, wo's uns gefällt.
Bidelbi, bidelbi, bidelbideldi.
Bidelbi, bidelbi, bidelbidelbi. «

Baby an Bord

ICH HATTE JA ZWEI SÄUGLINGE, DIE DAS AUTOFAHREN GEHASST HABEN.
TROTZDEM KAMEN WIR UM EINIGE FAHRTEN NICHT HERUM.
ZUM GLÜCK GIBT ES EIN PAAR TRICKS.

Es war jedes Mal ein Wettlauf mit der Zeit: Wir warteten so lange, bis das Baby hunde-müde war und wir wussten, dass es erst einmal eine halbe Stunde schlafen würde. Also, rein ins Auto – welche Strecke schafft man in einer halben Stunde? Auf langen Strecken mussten wir häufig Pausen machen. Und wenn ich Beifahrerin war, saß ich immer hinten bei den Kleinen auf dem Rücksitz und beschäftigte sie.

ABLENKUNGSMANÖVER

Hier einige Tipps, falls Ihr Baby zufällig auch eines von der Autohassersorte ist:

▶ Befestigen Sie an der Lehne des Sitzes, auf die das Baby guckt, ein Bild – am besten ein Wimmelbild, mit dem es sich eine Weile selbst beschäftigen kann oder mit dem Sie gemeinsam ein Suchspiel machen können: »Wo ist der Hund? Wo ist der Mann mit dem Hut?« Sie können auch eine Seite aus dem Lieblingsbuch des Kindes vergrößern lassen.

▶ Füllen Sie eine Handvoll Erbsen oder Linsen in einen Luftballon (mit einem Trichter geht das ganz leicht), pusten Sie den Ballon auf und befestigen Sie ihn über dem Kindersitz am Himmel des Autos. Wie das raschelt. Achtung: Luftballon nicht zu prall aufpusten, sonst zerplatzt er schnell.

▶ Kleben Sie mit doppelseitigem Klebeband einen kleinen Spiegel an den Rücksitz, in dem sich das Baby sehen kann.

Wenn Sie nicht selbst fahren müssen, setzen Sie sich am besten zu Ihrem Baby nach hinten und beschäftigen es.

▶ Punkt, Punkt, Komma, Strich: Sie können zum Beispiel auf einem Blatt (oder der beschlagenen Fensterscheibe) zeigen, wie ein Gesicht entsteht.

Wo ist das Hündchen?

In unserem Auto liegt ein winziger Plüschhund. Er ist vielleicht gerade einmal acht Zentimeter groß, aber trotzdem hat jedes mitfahrende Baby großen Spaß, wenn dieser kleine Hund kommt und sich in seinem Ärmel oder Hosenbein versteckt. Ich frage dann verwundert: »Wo ist denn das Hündchen?« und suche das Baby von oben bis unten ab. Bis ich den Hund mit großer Freude finde. Auch immer wieder ein gutes Ablenkungsmanöver für die Kleinsten.

*»Es bläst, es bläst die Mama
dem Baby ins Gesicht.
Das glaubst du nicht?
Du wirst's schon sehen –
das ist schön!«*

Klitzekleine Kleinigkeiten

ES MÜSSEN NICHT IMMER DIE GROSSEN BEEINDRUCKENDEN SPIELE SEIN –
GANZ NACH DEM MOTTO »JE WILDER, DESTO BESSER«.
OFT IST DAS KLEINE SPIEL AM SCHÖNSTEN.

Bei den folgenden Spielen geht es um zarte, feine, kleine Dinge. Dinge, die auch mal kurze Wartezeiten beim Arzt oder in einer U-Bahn überbrücken und das Kleine ablenken können. Es geht um Pusten, Lachen, lustige Laute und Scherzchen. Ihr wichtigstes Instrument haben Sie ja sowieso immer dabei: Ihren Mund und Ihre Stimme.

BITTE EINMAL KRÄFTIG PUSTEN

Pusten ist toll! Probieren Sie es aus und pusten Sie dem Nachwuchs auf Ihrem Schoß einfach einmal sacht in die Haare. Oder auch mal zärtlich ins Gesicht. Die meisten Babys mögen das und versuchen es bald nachzumachen. Oder pusten Sie eine kleine Feder in Richtung des Kindes. Immer wieder, immer wieder.

 Piks

»Die Nadel sprach zum Luftballon:
Du bist rund,
und ich bin spitz,
jetzt machen wir mal einen Witz.
Ich weiß ein lustig Schnätteretäng,
ich mache piks,
und du machst peng! «

(Autor unbekannt)

LUFTBALLONS

▶ Blasen Sie einen Luftballon auf (nicht zu fest, damit er nicht platzt) und hängen Sie ihn an einer Schnur so über dem liegenden Baby auf, dass es ihn gerade so berühren kann. Jetzt kann es ihn anstupsen, und er kommt immer wieder zurück – zum Weiteranstupsen.

▶ Oder pusten Sie ganz viele Luftballons auf und füllen damit einen Bettbezug. Dieses »Kissen« hält sogar Erwachsene aus. Und für das Baby ist es ein ganz neues Gefühl, darauf zu kuscheln oder herumzukrabbeln.

 Oder Sie füllen den Luftballon mit Sand und knoten ihn zu. Dann kann das Baby ihn kneten und befühlen.

SEIFENBLASEN

Sie gehören für mich immer noch zum Mitbringsel Nummer eins für kleine Kinder. Auch wenn man es im Kindergartenalter kaum schafft, die Dose mit dem Seifenwasser gerade zu halten, und deshalb immer das meiste auf dem Boden landet, üben Seifenblasen einfach von klein an eine große Faszination auf Kinder aus. Und deshalb freut sich auch Ihr Baby riesig über die bunten Schillerblasen.

HORCH MAL

Babys lieben Geräusche. Und sie beginnen sie schon früh nachzuahmen. Es ist also überhaupt nicht albern, wenn Sie Tiere, Autos oder Flugzeuge, die Sie gemeinsam sehen, sowohl mit deren Namen erklären als auch mit dem dazu passenden Geräusch. »Das ist ein Hund – wuff, wuff«, »Das ist ein Auto – brumm, brumm«, »Schau mal, die Ente – quak, quak«. Auf diese Weise kann das Baby sich früh verständlich machen, wenn es etwas entdeckt. Schließlich ist »quak« wesentlich einfacher zu sagen als Vogel oder Ente.

Es heißt ja sogar, dass Kinder schneller Zeichensprache lernen könnten als sprechen. Wenn Sie also immer, wenn Sie es fragen »Willst du was zu essen?« oder »Hast du Hunger?«, eine entsprechende Bewegung dazu machen – zum Beispiel die Hand zum Mund führen –, kann es sein, dass Ihr Baby eines Tages, bevor es reden kann, diese Gebärde nachmacht, wenn es tatsächlich Hunger hat. Ich habe das zwar nicht mit meinen eigenen Kindern ausprobiert, da ich erst jetzt davon gehört habe, aber ich finde es sehr spannend.

Bitte lächeln!

Ich glaube, kein Lebewesen auf der Welt wird so freundlich angelächelt wie ein Baby. Ist da vielleicht noch etwas von unserem Instinkt übrig geblieben? Oder sind diese kleinen Wesen einfach so süß, dass man nicht anders kann und lächeln muss?

Warum lächeln wir fremde Babys oft an und fremde Erwachsene nicht? Drei Tipps von mir:

1. Lächeln Sie Ihr Baby bei jeder Gelegenheit an.
2. Das Lächeln tut auch Ihnen gut. Lächeln Sie sich daher mindestens einmal am Tag im Spiegel, im Schaufenster oder Rückspiegel an.
3. Nehmen Sie sich vor, jeden Tag einen Fremden anzulächeln.

 *Ein Hund*

»Ein Hund, schau – wau, wau.

Zwei Hunde, schau – bell, bell – wau, wau.

Drei Hunde, schau – jaul, jaul – bell, bell – wau, wau.

Vier Hunde, schau – knurr, knurr – jaul, jaul – bell, bell – wau, wau.

Fünf Hunde, schau – wuff, wuff – knurr, knurr – jaul, jaul – bell,
bell – wau, wau.

Sechs Hunde, schau – winsel, winsel – wuff, wuff – knurr, knurr – jaul, jaul –
bell, bell – wau, wau.

Sieben Hunde, schau – schnüffel, schnüffel – winsel, winsel – wuff, wuff –
knurr, knurr – jaul, jaul – bell, bell – wau, wau.

Jetzt sind sieben Hunde still – schau.

Nur einer sagt noch was –

miiiiauuuuuuuu! «

VERSCHIEDENE LAUTE

▶ Zeigen Sie Ihrem Baby, was für ein guter Imitator Sie sind. Ahmen Sie Tierlaute
nach, Autogeräusche und so weiter.

▶ Wenn Ihr Baby ein lustiges Geräusch macht, bemerken Sie das mit einem »Hopp-
la« oder einem »Oh«. Und dann gurgeln, räuspern oder juchzen Sie eine Runde
zusammen.

▶ Auch Niesen finden Babys sehr lustig. Riechen Sie doch mal an einer Blume und
tun Sie so, als müssten Sie niesen. »Hatschi! Hatschi!« Immer wieder. Bald wird es
Ihr Kind nachmachen. Und auch wenn es laut Knigge nicht mehr der Zeit ent-
spricht, »Gesundheit« zu sagen, wenn jemand niest: Tun Sie es einfach. Auch das
ist ein Ritual, und irgendwie fehlt etwas, wenn man es nicht sagt.

Tierkonzert

»Die Kuh sagt Muh.
Das Schaf blökt Mäh.
Die Elefanten Tätärätä.
Das Schwein sagt Oink.
Der Hund ruft Wau!
Die Katzen sagen laut Miau.
Die Maus macht Pieps.
Der Frosch macht Quak.
Nur der Fisch nichts sagen mag.
Der Löwe brüllt.
Die Biene summt.
Der kleine Bär, der brummt und
brummt.
Die Hühner gackern. Der Vogel
pfeift.
Der Fisch fest seinen Mund zukneift.
Hallo, sagt da der Papagei.
Die Affen machen ein Geschrei.
Der Wolf, der heult Uuuuaaaaaaa.
Der Esel schreit Iah.
Das Meerschweinchen
fiept ziemlich laut.
Das Dromedar schmatzt,
wenn es kaut.
Und was sagt der Fisch?
Mund auf und zu.

Der bleibt stumm –
das ist ihm zu dumm!«

Tierlaute

*Dieses Spiel lieben die Kleinen. Nach
und nach werden sie versuchen, die
Laute selbst nachzuahmen:*
Wie macht der Hund? *Wauwau.*
Wie macht die Katze? *Miau.*
Wie macht das Schaf? *Mähähä.*
Wie macht die Kuh? *Muh.*
Wie macht die Ente? *Quak, quak.*
Wie macht der Fisch?
*Hier können Sie stumm den Mund
auf- und zuklappen.*
Und wie macht der Floh?
*Jetzt springt der Finger wie ein Floh
auf den Bauch des Babys und kitzelt
es ein wenig.*

REDEN, REDEN UND NOCH MAL REDEN

Lassen Sie Ihr Baby in Worten baden. Je mehr Sie ihm all Ihre Handlungen erklären, je mehr Sie ihm vorlesen und mit ihm reden, desto vielschichtiger wird seine Sprache später einmal werden.

Wickelzeit zum Beispiel ist Redezeit. Erklären Sie dem Baby alles, was Sie machen.

MIT DEM BABY SPRECHEN

Sobald das Baby selbst die ersten Laute bildet, wird es sich gern mit Ihnen unterhalten wollen. Gehen Sie nah an sein Gesicht heran, schauen Sie ihm in die Augen und sprechen Sie leise: »Na, was gibt es Neues im Babyleben? Magst du mir was erzählen?« Und dann warten Sie erst einmal ab. Meist vergeht eine Weile, bevor das Baby es schafft, die Laute zu bilden – aber dann kann das Gespräch losgehen.

WO IST DENN DEINE NASE?

Irgendwann wird dem Baby bewusst, wie es aussieht – und zwar dann, wenn es begreift, dass das Spiegelbild kein Babyfreund ist, sondern es selbst. Das dauert natürlich eine Weile. Helfen Sie ihm dabei zu begreifen, dass es, wie Sie selbst auch, eine Nase, Ohren, Augen, Füße (und noch viel mehr) hat. Fragen Sie es: »Wo ist deine Nase?« Dann deuten Sie auf die Babynase: »Da ist deine Nase.« »Und wo ist Mamas Nase?« »Da ist Mamas Nase.« Und so weiter. Bald wird das Baby anfangen, selbst darauf zu zeigen. Dann ist es natürlich mächtig stolz.

MUNTER DRAUFLOSGEREIMT

Je einfacher und je öfter Sie dem Baby die Reime vorsprechen, desto schneller lernt es sie und weiß, welche Handlungen (etwa kitzeln oder pusten) damit verbunden sind. Überfordern Sie Ihr Kind nicht mit zu vielen verschiedenen Versen. Hin und wieder können Sie dann, zum Beispiel bei einer Autofahrt, einen Überraschungsreim »auspacken« und ihn zwischen dem gängigen Reime-Repertoire »verstecken«. Das ist dann so, als würden Sie plötzlich ein neues Spielzeug aus der Tasche kramen.

Kleine Spinne

»Imse, Wimse, Spinne,
wie lang dein Faden ist.
Kam der Regen runter – ssst,
der Faden riss.
Da kam die Sonne,
leckt den Regen auf.
Imse, Wimse, Spinne,
die klettert wieder rauf. «

(Autor unbekannt)

Mit der einen Hand spielen Sie die Spinne, mit der anderen den Regen und die Sonne.

Hier ein paar Ideen für einfache Reime:
Groß und klein, Elefant und Schwein.
Kurz und lange, Maus und Schlange.
Leicht und schwer, Mücke und Bär.
Laut und leise, Hahn und Meise.
Süß und nett, Baby im Bett.
Schlecht und gut, Angst und Mut.
Leer und voll, blöd und toll.
Langsam und schnell, dunkel und hell.
Sauber und dreckig, gestreift und fleckig.
Eckig und rund, einfarbig und bunt.
Unten und oben, schimpfen und loben.

Die kleine Hexe

»Ich bin die kleine Hexe und hexe dir was vor.
Drum öffne deine Augen und öffne auch dein Ohr.
Eins, zwei – Hexerei! Ich hexe dunkel und hell.
Stimme verstellen.
Ich hexe langsam und schnell.
Ich hexe ein Lächeln dazu, und weg bist du.
Hände vor die Augen halten oder ein Tuch über das Kind legen.
Ich hex dich groß und klein, zusammen und allein,
dünn und dick, schlampig und schick.
Ich hex dich hoch und tief, gerade und schief.
Ich hex dich müde, du schläfst ein? Psst – kann das sein?
Dass ich nicht lach – ich kitzle dich wach! «
Das Baby kitzeln.

Familie Maus

»Das ist Papamaus,
sieht wie alle Mäuse aus.
Daumen zeigen.
Hat zwei Ohren soooo groß,
Näschen soooo spitz,
ein Fellchen soooo weich
und ein Schwänzchen soooo lang.
Mit den Händen die Größe zeigen.
Nase mit den Händen verlängern.
Mit den Fingern über die
Hand streicheln.
Die Arme weit ausbreiten.
Das ist Mamamaus,
Zeigefinger zeigen.
sieht wie alle Mäuse aus.
Hat zwei Ohren sooo groß,

Näschen sooo spitz,
ein Fellchen soooo weich
und ein Schwänzchen soooo lang.
Mit den Händen die Größe zeigen.
Nase mit den Händen verlängern.
Mit den Fingern über die
Hand streicheln.
Die Arme weit ausbreiten.
Das ist Brudermaus ...
Mittelfinger zeigen (dann alles wie
oben).
Das ist Schwestermaus ...
Ringfinger zeigen (dann alles wie oben).
Das ist Babymaus,
Den kleinen Finger zeigen.
sieht nicht wie alle Mäuse aus.
Bedauernd gucken.
Hat zwei Ohren sooo klein,
Mit den Händen die Größe zeigen.
Näschen soooo platt,
Mit den Fingern die Nase platt drücken.
ein Fellchen sooo rau
Mit den Fingern über
die Hand schrubben.
und ein Schwänzchen sooo kurz. «
Mit den Fingern den kurzen
Schwanz zeigen.

(Autor unbekannt)

VORLESEN

Wann macht es Sinn, mit dem Baby ein Buch anzusehen? Mein Tipp: Probieren Sie es einfach aus! Entscheiden Sie sich erst einmal für ein Buch, das pro Seite nur ein Bild zeigt – einen Ball, einen Hund, eine Ente … Manchem Baby kann man aber auch gleich ein Riesenbilderbuch mit Wimmelbildern vorlegen. Trotzdem gilt auch beim Lesen: Lieber nur drei Bücher, die man immer wieder ansieht, als fünf oder zehn, die das Baby dann eher überfordern.

SELBST GEMACHTE BÜCHER

▶ Kleben Sie dem Baby ein Buch aus Zeitungen und Zeitschriften. Suchen Sie alles heraus, was Ihr Kind schon kennt, zum Beispiel Auto, Baum, Blume, Vogel, Hund, Katze, Baby und so weiter. Schneiden Sie die Bilder aus und kleben Sie sie in ein Heft oder ein festeres Büchlein. (Für Perfektionisten: Wenn Sie wollen und können, laminieren Sie die Seiten, lochen sie und binden sie mit einem dicken Wollfaden zusammen. Dann ist das Buch sogar »sabbertauglich«.) Das Baby hat sicher viel Spaß daran, die Dinge zu entdecken, und wird bestimmt auch bald üben, die Worte auszusprechen.

▶ Kinder lieben verschiedene Materialien. Also nähen Sie doch mal ein Buch aus verschiedenen Stoffen – mit Punkten, Karos, Blümchen. Oder aus verschiedenen Materialien mit unterschiedlichen Oberflächen: Leder, Filz, Wollstoff, Pelz – weich, samtig, rau … Kleine Stoffreste und Bastelüberbleibsel eignen sich dafür wunderbar, Sie müssen nicht extra etwas kaufen.

BILDER ERZÄHLEN

Mit dem Vorlesen dauert es meist noch etwas. Aber Sie können schon mal beginnen, all das zu erzählen, was auf den Bildern zu sehen ist: »Schau mal … und da kommt der dicke Bär und nimmt den kleinen Bären in die Arme. Da ist der Papabär, der sich freut. Und da oben scheint die Sonne auf die beiden herunter und freut sich auch …« Bald können Sie dann auch Fragen zu den Bildern stellen: »Wo ist die Sonne? Wo ist der Ball?«

EIGENE FINGERGESCHICHTEN ERFINDEN

Sie müssen nicht immer ein Buch zur Hand nehmen oder in Ihrem Gedächtnis kramen, um Ihr Baby mit einem Fingerspiel zu unterhalten. Erfinden Sie doch einfach selbst eines – es muss sich ja nicht immer reimen. Denken Sie sich ein Tier aus – das ist jetzt Ihre Hand, die Finger sind die Beine. Wo könnte dieses Wesen hinwollen? Was könnte im Weg liegen? Und dann spielen Sie los, zum Beispiel so:

Lassen Sie Ihre Finger auf dem Bein des Babys nach oben wandern. Und erzählen Sie:

»Eine kleine Maus, läuft den Berg hinauf, sie strengt sich mächtig an, denn sie ist noch eine klitzekleine Winzlingsmaus. Sie rutscht immer wieder ab (Ihre Hand rutscht das Bein wieder hinunter), und wenn sie wieder bei Puste ist, versucht sie es noch einmal: ›Ich schaff das, ich schaff das‹, sagt sie vor sich hin. Aber fast wäre sie wieder abgerutscht, wenn nicht plötzlich ein Windhauch von hinten gekommen wäre, der sie über den Berg gepustet hätte. (Nun pusten Sie die Maus – also Ihre Hand – von hinten an und lassen sie ganz leicht über den Berg, also das Bein des Babys, rennen.)«

Alle meine Fingerlein

»Alle meine Fingerlein
wollen heut mal fleißig sein.
Der Daumen ist der Bäcker,
sein Kuchen schmeckt sehr lecker.
Der Zeigefinger Bauersmann,
der richtig Kühe melken kann.
Der Mittelfinger Astronaut,
der immer zu den Sternen schaut.
Der Ringfinger setzt Stein auf Stein,
das kann doch nur ein Maurer sein.
Der kleine Finger ruft ›Oh nein,
zum Arbeiten bin ich zu klein!‹«

(Autor unbekannt)

Sitzt in meiner Patschehand

»Sitzt in meiner Patschehand
hier ein kleiner Elefant.
*Nehmen Sie die Hand Ihres Kindes
und stellen Sie Ihre Hand (die Finger
sind die Elefantenfüße) darauf.*
Rauf und runter mit dem Rüssel
Der Mittelfinger ist der Rüssel.
leckt er aus der Kuchenschüssel.
Komm, du kleiner Elefant,
*Das Kind fasst den Elefanten am
Rüsselfinger.*
reich mir deinen Rüssel,
tanzen wir ein bissel!
Jetzt tanzen Sie hin und her.
Und wir stapfen hin und her,
ringsherum, das ist nicht schwer.«

(Autor unbekannt)

91

Eine Runde Kuscheln, bitte

MIT KUSCHELN FÄNGT DER TAG AN, UND MIT KUSCHELN ENDET ER.
STREICHELEINHEITEN KANN MAN NIE GENUG BEKOMMEN.
UND GIBT ES ETWAS KUSCHELIGERES ALS EIN BABY?

Babys müssen gar nicht immer »bespielt« werden. Dabeisein ist alles. Knuddeln, Schmusen und Liebkosen bedeuten Nähe – und die gibt den Kleinen Geborgenheit und Sicherheit. Wissenschaftler haben sogar herausgefunden, dass Kinder, die fernab jeder Zivilisation im Dschungel aufwachsen, ausgeglichener sind und weniger schreien, weil sie ständig von ihren Müttern, Tanten oder Großmüttern am Körper getragen werden. Nähe macht eben einfach glücklich und zufrieden.

Ich weiß, bei uns schaffen es die Eltern meistens nicht, das Baby ständig mit sich herumzutragen. Und Großfamilien, in denen sich immer irgendein Familienmitglied gerade um die Kleinen kümmern kann, gibt es auch kaum noch. Genießen Sie einfach die Zeit, die Sie mit Ihrem Nachwuchs verbringen, in vollen Zügen. Richten Sie feste Kuschelstunden ein, in denen Sie ganz und gar für Ihr Kind da sind. Das geht natürlich auch zu dritt oder zu viert – wie wäre es also mit einer Runde Familienknuddeln? Sie kennen doch die Weisheit: »Liebe ist das Einzige, was sich vermehrt, wenn wir es verschwenden.«

KUSCHELECKE

▶ Richten Sie im Kinderzimmer eine Kuschelecke ein: eine kleine Matratze, viele Kissen, Kuscheltiere, vielleicht eine Lichterkette darüber, unter der Sie mit Ihrem Baby liegen und sich entspannen können, Geschichten erzählen, singen, knuddeln, Streicheleinheiten austeilen und die ersten Bücher lesen.

▶ Blasen Sie ein kleines Gummiboot (es muss nicht knallrot sein) oder ein Planschbecken im Zimmer auf, füllen Sie es mit vielen Kissen und legen Sie sich mit dem Baby hinein. Aaah ...

▶ Haben Sie die Möglichkeit, eine Hängematte ins Kinderzimmer zu hängen? Das leichte Schaukeln beruhigt die Kleinen und entspannt sie. Außerdem können Sie selbst darin mit dem Kind auf dem Bauch ein Nickerchen machen. Es gibt sogar ganz kleine Hängematten extra für Babys – mit Gurt. Aber da müssen Sie dann draußen bleiben. Haben Sie einen Garten mit zwei Bäumen oder einen Balkon mit entsprechenden Balken, um daran eine Hängematte zu befestigen – umso besser!

▶ Es gibt auch kleine Kinderzelte, die man kaufen kann und die sich, vor allem später, perfekt für Kuschelhöhlen eignen.

EIN KÜSSCHEN FÜRS BABY

Kennen Sie dieses »Essspiel«? »Ein Löffelchen für Mami, ein Löffelchen für Oma Heidi, ein Löffelchen für den Teddy und ein Löffelchen fürs Baby ...« Machen Sie doch mal ein Küsschenspiel daraus. Ein Küsschen für Papa (Papa kriegt einen Schmatz auf die Wange), ein Küsschen für Teddy (Teddy kriegt einen Schmatz auf die Wange), ein Küsschen für Paulinchen (Geschwisterkind bekommt einen Schmatz auf die Wange) und ein Küsschen fürs Baby (jetzt bekommt das Baby einen Schmatz auf die Wange).

EIN KUSSSPIEL

So küssen die Schmetterlinge ...
Mit den Augen ans Gesicht und mit den Wimpern klimpern.
So küssen die Eskimos ...
Die Nasen aneinanderreiben.
So küsst der Prinz die Prinzessin ...
Handkuss.
So küsst die Mama das Baby ...
Normaler Mamaschmatz.
So küsst der Fisch ...
Mund immer wieder auf- und zumachen, auf und zu, bis sich die Fische in der Mitte treffen.
Und so küsst der dicke Frosch ...
Wissen Sie, was ein Froschkuss ist? Da presst man seine Lippen fest auf den Bauch des Babys und pustet so stark, dass es einen – Entschuldigung – Puupslaut gibt.
Und was ist ein Engelskuss?
Ein zarter Puster über das Gesicht.

Pinselchen

»Fünf Pinsel hab ich in der Hand,
sie kommen aus dem kunterbunten
Farbenland.
Der erste malt dir einen Mund.
Der zweite malt die Nase bunt.
Der dritte malt zwei große Kreise.
Der vierte malt ganz still und leise
in deinem Gesicht herum.
Der fünfte findet das ganz dumm.
Drum – oh Schreck –
wäscht er alles wieder weg. «
Mit den Fingern das Gesicht
»bemalen«.

Eine kleine Raupe

»Eine kleine Raupe
sucht sich ein Versteck,
und wenn du jetzt bis drei zählst,
ist die Raupe weg.
1 – 2 – 3 – vorbei.
Doch an ihrer Stelle
sitzt auf alle Fälle
jetzt ein andres Ding –
ein (wunderschöner) Schmetterling.
Puste ihn ganz zärtlich an,
damit er fliegen kann. «
Pusten.

(Autor unbekannt)

STREICHELEINHEITEN

Die Haut ist das größte Organ des Menschen. Also sollte man ihr auch des Öfteren etwas Gutes tun. Und was liegt da näher, als sie einfach zu streicheln und zu massieren? Schon Babys lieben die zarten Berührungen: Sie wissen doch: Streicheleinheiten für den Körper sind zugleich Streicheleinheiten für die Seele.

▸ Pusten Sie dem Baby zärtlich auf den Bauch. Streicheln Sie seine Hände, bis es sich entspannt. Summen Sie dabei eine kleine Melodie. Oder erzählen Sie ihm mit leiser Stimme etwas. Eine Geschichte aus Ihrer Kindheit oder wie lieb Sie es haben.

▸ Streicheln Sie die Babyfußsohlen. Streicheln Sie mit einem Finger das kleine Gesicht. Um den Mund herum, um die Augen, die Nase entlang und über die Wangen. Manch ein Baby entspannt dabei so sehr, dass es einschläft.

▸ Streicheln Sie Ihr Baby mit einer Feder. Zarte Berührungen kitzeln so schön.

 *Der Käfer*

»Es krabbelt ein kleiner Käfer
auf deinem Arm herum,
er sucht seine Käferfrau – schau!
Er sucht beim Hals und
bei den Ohren,
doch da hat er nichts verloren.
Er sucht am Kopf und
auf dem Bauch,
da sucht er auch.
Es krabbelt eine kleine Käferfrau
auf deinem Arm herum,
sie sucht nach ihrem Käfermann –
schau an!
Sie sucht beim Hals
und bei den Ohren,
doch da hat sie nichts verloren.
Sie sucht am Kopf und
auf dem Bauch,
da sucht sie auch.
Es krabbeln zwei Käfer auf dir
hin und her,
sich zu finden ist für die beiden
ganz schön schwer.
Doch plötzlich ruft der Käfermann
so laut er kann:
›Hurra! Meine Käferfrau ist wieder da!‹
Sie krabbeln aufeinander zu –
und endlich hast du wieder Ruh! «

Der Käfermann ist die rechte Hand,
die Käferfrau die linke. Am Ende
krabbeln sie wild auf dem Baby herum
und kitzeln es dabei.

BABYMASSAGE

In Indien werden alle Kinder regelmäßig massiert – und die Kunst der Babymassage wird von Müttern an ihre Töchter weitergegeben. Die Nyinba im Nordwesten Nepals massieren ihre Kinder sogar zweimal täglich mit Senfsamenöl und Muttermilch. Wenn man sich vorstellt, dass ein Fötus neun Monate im Mutterleib sanft im Fruchtwasser herumschwebt – was ja durchaus mit einer Ganzkörpermassage zu vergleichen ist –, liegt es eigentlich nahe, die tägliche Massage als festes Ritual einzuführen. Massieren Sie Ihr Baby auch einmal, wenn Sie spüren, dass es unruhig oder ängstlich ist. Vielleicht wird es ruhiger.

RÜCKENMASSAGE »AMEISEN FAHREN SKI«

Ihre Finger sind die Ameisen, der Rücken des Kindes die Piste. Erzählen Sie:
»Da wollen viele Ameisen zum Skifahren gehen.
Die laufen erst mal den Berg rauf und fahren dann runter.
Dann fahren sie mit dem Lift auf den Berg,
und die eine will Slalom hinunterfahren.
Jetzt ist der Schnee nicht mehr so schön,
da kommt die Schneewalze und macht alles wieder glatt.
Und nun können die Ameisen wieder Ski fahren.«

FUSSMASSAGE

Streicheln Sie sacht die Füße, dabei erzählen Sie:
»Die Füße gehen über das Stoppelfeld ...
Sie piksen die Sohlen mit den Fingerspitzen.
Die Füße gehen über Steine ...
Ihre Fäuste sind die Steine.
Über weiches Moos ...
Weiche Hände berühren die Füße.
Oh, du gehst über einen Ameisenhügel ...
Viele Finger sind die Ameisen.
Und über eine heiße Straße ... «
*Reiben Sie Ihre Hände schnell aneinander,
bis sie ganz heiß werden.
Dann berühren Sie die Füße des Babys.*

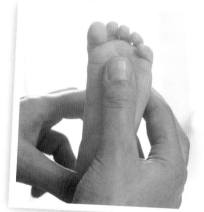

PIZZAMASSAGE FÜR DEN RÜCKEN

»Ich mach dir eine Pizza!

Erst mal alle Teigzutaten verteilen, dann kneten und noch mal kneten.

Jetzt kommt die Tomatensauce drauf und jetzt der Belag.

Was soll denn alles auf die Pizza?

Salami.

Käse.

Oliven.

Paprika ...

Und jetzt schiebe ich die Pizza in den Ofen. Die wird ganz heiß.

Jetzt ist sie fertig, und ich schneide sie in Stücke.

Mhm, schmeckt die gut! «

Den Rücken des Kindes massieren, leicht kneten,
warm rubbeln und so weiter.

Tragen tut gut!

Babys schreien nach Berührung. Berührung ist Halt, Geborgenheit, Nähe, Vertrauen. Ich gebe ja zu, dass es immer schönere, schickere Kinderwägen gibt und auf die Dauer auch so ein Winzling ganz schön schwer wird. Aber lassen Sie den Buggy doch auch einmal zu Hause stehen und tragen Sie Ihr Kind durch die Welt. Das gleichmäßige Schaukeln, Ihr Herzschlag und Ihr Atem geben ihm das zurück, was es neun Monate im Mutterleib gewohnt war.

WEHWEHCHEN

Wenn das Baby weint, braucht es vor allem Ihre Nähe. Tragen Sie es durch die Wohnung, wiegen Sie es sanft, summen Sie eine beruhigende Melodie oder sprechen Sie zart auf das Baby ein: »Es ist alles in Ordnung, Mami ist ja da. Gleich geht es dir wieder besser. Gleich ist alles wieder gut.«

Ich bin mir sicher, dass Sie schnell erkennen werden, ob Ihr Baby sich bei einem Sturz oder wenn es sich den Kopf stößt sehr wehgetan hat – oder ob ihm nur der Schreck in die Glieder gefahren ist. Aber egal, wie schlimm es ist: Ein Küsschenpflaster oder ein Trostliedchen helfen auf jeden Fall – immer.

KÜSSCHENPFLASTER

Kinder, die sich wehtun, laufen zur Mama. Kann es sein, dass ein Schmerz in einer Umarmung schneller vergeht als ohne? Auch heute noch, wo ich doch schon so groß bin, erwarte ich von meiner Familie wenigstens ein klitzekleines »Oh«, wenn ich mich verletzt habe. Führen Sie doch auch ein Trostritual ein. Pusten Sie auf die Wunde, singen Sie ein kleines Trostlied oder geben Sie dem Kind ein Küsschenpflaster auf den Schmerz.

SCHMERZ IN DEN MÜLL

Sie können den Schmerz auch mit der Hand packen und symbolisch in den Mülleimer werfen.

Armer kleiner Hase

»Armer kleiner Hase,
kitzelt's in der Nase?
Der atmet zweimal tief –
hatschi, schnief, schnief,
Gesundheit!
Armer kleiner Tiger,
hast du vielleicht Fieber?
Oh, wie bist du heiß,
dir läuft ja schon der Schweiß.
Armes krankes Kind,

ich frage mal den Wind,
ob er deinen Schmerz
wegpusten kann geschwind. «
Bei der letzten Zeile
pusten.

Heile, heile Segen

»Heile, heile Segen,
drei Tage Regen,
drei Tage Schnee,
dann tut's schon nicht mehr weh! «

(wohl von 1895)

FLIEGER

Babys mit Bauchschmerzen lieben diese Stellung: Legen Sie das Kind mit dem Bauch auf Ihren Unterarm – den Kopf Richtung Armbeuge, mit der Hand greifen Sie den Windelpo, und mit der anderen Hand halten Sie es fest. Jetzt kann das Kleine »fliegen«. Schaukeln Sie es hin und her oder tragen Sie es einfach auf diese Art durch die Wohnung.

TROSTPOLIZEI

»Hallo, hallo, ist da die Trostpolizei? Kommen Sie bitte schnell!

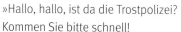

Wir haben einen dringenden Schmerzfall!« Tarütara!

Die Schmerzpolizei bringt das Fünf-Punkte-Schmerz-Erste-Hilfe Programm mit!

Sie zeigen Ihre fünf Finger.

Der erste streichelt um den Schmerz herum.

Der zweite liefert ein Küsschen von Mami auf die Nase oder den Schmerz.

Der dritte klebt ein imaginäres Pflaster auf den Schmerz.

Der vierte und fünfte helfen, die Mundwinkel zu einem Lächeln zu formen.

 Weine nicht  **Es bläst**

»Weine nicht, weine nicht,
kleiner Schatz,
komm nimm ganz nah hier
in meinen Armen Platz.
Leg den Schmerz in die Hand,
pust ihn weg,
wir blasen ihn an einen
anderen Fleck.
4-mal pusten.
Schau, er fliegt in die Wolken
hinein,
und du spürst der Schmerz wird
leicht und klitzeklein.
Er wird in Watte gepackt,
eins, zwei, drei,
trockne die Tränen, denn der
Schmerz ist jetzt vorbei. «

»Es bläst, es bläst ein Hauch
auf deinen Bauch.
Sie blasen dem Baby auf den Bauch.
Es bläst, es bläst der Wind
das Schiff geschwind
über den See – juhee.
*Mit den Händen ein Schiff nachma-
chen, das auf den Wellen schaukelt.*
Es bläst, es bläst der Sturm,
da fällt der Turm um – bumm.
*Mit dem Arm einen Turm zeigen,
dann blasen, damit er »umfällt«.*
Es bläst, es bläst die Mama
dem Baby ins Gesicht.
*Jetzt blasen Sie dem Baby
zart ins Gesicht.*
Das glaubst du nicht? Du wirst's
schon sehen – das ist schön. «

Schlaf gut!

ICH WEISS NICHT, WIE VIEL ZEIT WIR BEI UNSEREN BABYS VERBRACHT HABEN, EHE SIE ENDLICH EINGESCHLAFEN SIND. SIE WOLLTEN EINFACH NICHT SCHLAFEN.

Meinem Sohn half es, wenn man ihm über die Nase streichelte. So fielen ihm schließlich die Augen zu. Und meine Tochter konnte nur mit einer perfekten »Knibbelhand« einschlafen – eine Hand eben, an der man gut knibbeln kann. Heute schlafen die beiden trotzdem allein ein, jeder in seinem eigenen Bett und in seinem eigenen Zimmer. Ich denke, früher oder später wird jedes Kind schlafen. Wenn es für Sie in Ordnung ist, neben dem Bettchen zu sitzen, dann tun Sie es. Die Zeit geht wirklich schnell vorbei. Und die Kinder lernen es auf jeden Fall irgendwann – jedenfalls haben es bisher noch alle gelernt.

WAS TUT MAN NICHT ALLES ...

Was haben wir nicht alles angestellt, damit unsere Kleinen einschliefen. In den ersten drei Monaten begann jeden Tag Punkt 17 Uhr das Babyschreikonzert. Bauchschmerzen – so sagten es uns jedenfalls alle. Irgendwann begannen wir, den kleinen Babybauch mit einem Föhn warm anzupusten. Augenblicklich verstummte das Schreien. Schalteten wir den Föhn aber aus, fing es wieder an. Eines Tages stellten wir fest, dass das Baby gar nicht auf das Föhnen an sich reagierte, sondern auf das Geräusch. Seitdem lief der Föhn täglich ab 17 Uhr. Nicht selten kam es vor, dass wir neben unserem dann entspannten Säugling und dem laufenden Föhn einschliefen. Irgendwann überlegten wir sogar, ob wir das Föhngeräusch nicht auf Kassette aufnehmen sollten – aber dazu kam es dann gar nicht mehr, da das Schreien fast auf den Tag genau nach drei Monaten aufhörte – einfach so. Erleichtert ein Föhngeräusch tatsächlich Bauchweh? Das kann ich mir kaum vorstellen. Hat es etwas mit den Geräuschen aus dem Mutterleib zu tun? Oder ist es etwa die Stille, die diesen (Welt-)Schmerz bei Babys verursacht?

GUTE NACHT, LIEBE WELT

Gehen Sie mit Ihrem Baby auf dem Arm durch die Wohnung oder durchs Kinderzimmer und verabschieden Sie sich für heute von den Dingen:

»Gute Nacht, Schuhe«, »Gute Nacht, Schaukelstuhl«, »Gute Nacht, Zahnbürsten«, »Gute Nacht, Teddybär«, »Gute Nacht, Telefon« ...

Nein, Sie brauchen sich nicht von allen Dingen verabschieden, sonst müssten Sie ja schon morgens beim Aufstehen anfangen. Aber so ein paar für das Baby wichtige Dinge, das macht schon Spaß.

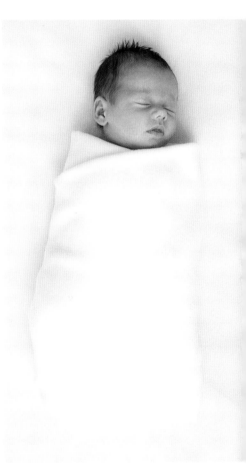

Danke für diesen Tag

»Danke für diesen Tag,
danke für die Regentropfen,
die den Blumen Wasser
gegeben haben.
Sie haben es dringend gebraucht.
Danke für die Sonnenstrahlen,
die mich auf der Nase
gekitzelt haben,
danke, dass ich so viel lernen durfte
und so viel erlebt habe. «

ABENDGEBET

Ein Gebet ist immer ein schöner Tagesabschluss – egal ob Sie selbst gläubig sind oder nicht. Danken kann man immer, denn ich finde, nichts auf dieser Welt ist selbstverständlich. Danken tut gut und Bitten auch. Ob Sie mit Ihrem Baby Gott danken, einem Schutzengel, Buddha oder einfach dem Tag, bleibt Ihnen überlassen.

Gebet

»Heute war ein schöner Tag,
dem ich dafür danken mag.
Danke für den Blumenduft,
für die Bienen in der Luft,
für den Honig, den sie geben,
danke für mein schönes Leben. «

auf CD Lieber Schutzengel

»Lieber Schutzengel,
komm, ich rutsch für dich ein Stück,
leg dich zu mir rein.
Halt meine Hand ganz fest in deiner,
lass mich nicht allein.
Morgen spiel ich mit dir Fangen
oder tanze dir was vor.
Und wenn du näher kommst,
dann sage ich dir
zärtlich was ins Ohr:
Ich hab dich lieb. «

Erkennst du das?

Singen Sie doch mal ein Lied in einer anderen Sprache, etwa »Bruder Jakob«:

»Frère Jacques, Frère Jacques
Dormez-vous, dormez-vous?
Sonnez les matines,
sonnez les matines,
Ding, ding, dong, ding, ding, dong.
(Französisch)

Are you sleeping, are you sleeping,
Brother John, Brother John?
Morning bells are ringing,
morning bells are ringing.
Ding, dang, dong,
ding, dang, dong. «
(Englisch)

Uhr

»Ticktackticktack,
hörst du die Uhr?
Was sagt sie dir nur?
Höchste Zeit fürs Bett.
Wärst du wohl so nett.
Ticktackticktack,
macht die kleine Uhr an deiner Hand.
Nur ist sie sehr leise auf ihre Weise.
Teckelteckelteckelteckel,
sagt der Morgenwecker vom Bäcker.
Der ist schon viel lauter,
vor allem wenn er schrillt:
schrillllllllllllll.
Bimm, bamm, bimm, bamm,
macht die Uhr am Turm
auch bei Sturm.
Die hören wirklich alle –
ab in die Falle.
Bimm, bamm, bimm, bamm ...
und zum Schluss gibt's noch 'nen Kuss. «

Bimmeln und bammeln Sie am Schluss so oft, wie die Stunde schlägt, zu der das Baby ins Bett geht.

ZEIT FÜR UNS

 auf CD

Gute Nacht, Teddybär 🎵

»Gute Nacht, Teddybär,
es war ein schöner Tag.
Komm, kuschel dich zu mir,
hör zu, was ich dir sag.
Wir beide werden jetzt
auf eine Reise gehen.

Wenn wir schlafen, kannst du
viele wundervolle Dinge sehen.

Gute Nacht, gute Nacht,
träum süß und schlaf gut ein.
Du und ich,
wir sind im Traumland
zu zweit und nicht allein.
Gute Nacht, Teddybär,
ich bin schon ganz gespannt,
was wir heute erleben
im Abenteuerland.
Ich beschütze dich,
und du passt auf mich auf,
wenn ich mit dir zusammen
über eine Wolke lauf.

Gute Nacht, gute Nacht,
träum süß und schlaf gut ein.
Du und ich, wir sind im Traumland
zu zweit und nicht allein. «

Fünf im Bett

»Da schlafen fünf im Bett,
da ruft der kleine Fred:
Rutsch rüber, rutsch rüber.
Jeder rutscht ein Stück,
rutsch, rutsch, rück, rück.
Rumps – der Teddy macht plumps.
Es schlafen vier im Bett,
da ruft der kleine Fred:
Rutsch rüber, rutsch rüber.
Jeder rutscht ein Stück,
rutsch, rutsch, rück, rück.
Rumps – die Mama macht plumps.
Es liegen drei im Bett.
Da ruft der kleine Fred:
Rutsch rüber, rutsch rüber.
Jeder rutscht ein Stück,
rutsch, rutsch, rück, rück.
Rumps – der Papa macht plumps.
Es liegen zwei im Bett,
da ruft der kleine Fred:
Rutsch rüber, rutsch rüber.
Jeder rutscht ein Stück,
rutsch, rutsch, rück, rück.
Rumps – der Bruder macht plumps.
Es schläft einer im Bett,
es ist der kleine Fred.

Alleine, alleine.
Dann hört man ihn schrein:
Ich bin so allein,
kommt alle wieder rein.
Und schwups –
sind alle wieder da – hurra! «

Ich habe dieses Lied vom Englischen
ins Deutsche übersetzt. Im Original
heißt es: »There were five in the bed
and the little one said: Roll over! Roll
over! So they all rolled over and one
fell out.« Und dann geht es eigentlich
genauso weiter wie oben.

HEISS GELIEBTE STOFFTIERE

Leider habe ich es selbst nie geschafft, DAS Stofftier für meine Kinder zu finden. Weil sie so viele Knuddeltiere von Freunden und Verwandten (und auch von uns) bekommen haben, konnten sie sich nie für ein einzig wahres entscheiden. Dabei fand ich es immer wahnsinnig süß, wenn Kinder so ein völlig (ich nenne es) zerliebtes Etwas hinter sich herzogen, das nur bei genauer Untersuchung als Bär, Hund oder anderes Tier zu erkennen war.

Andererseits: Wie groß ist die Aufregung, wenn das besagte Etwas verloren geht?

LASST STOFFTIERE SPRECHEN

Ich liebe Stofftiere. Die plüschigen Begleiter können oft Trost für das Baby sein. Lassen Sie die Tiere sprechen, wenn sich das Baby wehgetan hat oder wenn es weint, weil es etwas durchsetzen will. So können sich die Kleinen auch an ihre Plüschfreunde kuscheln, wenn sie sich einsam fühlen oder Mami einmal nicht sofort ins Kinderzimmer kommen kann.

Darf ich dein Tier sein?

Bei meiner Tochter lag immer das ganze Bett voller Stofftiere. Jeden Abend, wenn ich meine Tochter ins Bett brachte, wollte eines davon ihr »Tier für diese Nacht« sein.

Am Abend stellte ich immer die Frage: »Welches Tier hätten Sie gern?« Dann kam dieses Tierchen herangetrabt und fragte: »Darf ich dein Tier sein heute Nacht?« Meine Tochter überlegte eine Weile hin und her, bis sie schließlich »Ja« sagte. Dann hüpfte das Tierchen erleichtert in ihren Arm, wurde zugedeckt, und die beiden schliefen glücklich und zufrieden ein.

SCHMUSETUCH

Es muss gar nicht immer ein »echtes« Tier sein. Machen Sie doch in ein schönes, weiches quadratisches Stück Stoff einen großen Knoten (Kopf) und noch drei kleine Knoten an den anderen Ecken. Schon haben Sie ein schönes Schmusetuch zum Nuckeln und Knibbeln. Natürlich spricht nichts dagegen, dem großen Knotenkopf noch Augen aufzusticken. Manchmal ist das tollste Schmusetuch aber auch einfach ein ganz normales Tuch – ohne irgendetwas darauf.

auf CD — Das Schlaflied der Nacht

»Sacht, sacht, kleiner Bär,
wiegt dich dein Freund,
der Wind, hin und her.
Leis, leis, geh zur Ruh,
schließe die Knopfaugen
langsam zu.
Schlaf, schlaf, schlafe sacht,
sieh wie der Mond hell am
Himmel wacht.
Schweb, schweb,
schwebe leicht,
du hast das Traumland schon
bald erreicht.
Träum, träum, kleiner Held,
von deiner eigenen
kleinen Welt.

Glaub, glaub, glaub daran,
dass jeder Traum
Wirklichkeit werden kann. «

(aus dem Jazzical
»Der kleine Erdbär«)

 ## Gute Nacht

»Jetzt ist Schluss, jetzt ist es aus,
und alle gehen nun nach Haus.
Winke, winke, ich und du,
wir lächeln uns noch freundlich zu.
Es war lustig und auch schön,
wir sagen jetzt Auf Wiedersehen.
Lebe wohl, Ciao, Tschüss, Servus,
hier kommt ein dicker
Abschiedskuss. «

GEMEINSAME ABENDRITUALE

Mir selbst war es immer sehr wichtig, dass meine beiden Kinder am Abend ihre feste Schlafenszeit hatten. Nur so kamen wir Eltern jeden Tag überhaupt zu unserem Stündchen Zweisamkeit. Entscheiden Sie sich für ein schönes, nicht zu langes Abendritual. Halten Sie zum Beispiel immer die gleiche Reihenfolge ein: Erst wickeln und den Schlafanzug anziehen, dann von den Stofftierchen verabschieden, stillen oder Fläschchen geben, ein Gutenachtlied singen, das Licht ausschalten – und zum Schluss schlafen. Später können Sie dann das Lied in eine Geschichte »verwandeln« oder etwas Kurzes vorlesen.

Ist der Mond ein Käsestück?

»Ist der Mond ein Käsestück?, fragt die kleine Maus,
und sie schaut voll Zuversicht aus dem Fenster raus.
Ist der Mond ein Luftballon?, fragt der kleine Clown,
und er steigt zu ihm empor auf den Gartenzaun.
Ist der Mond ein Lampion?, fragt das kleine Kind,
weil Lampions bei Dunkelheit hell erleuchtet sind.
Ist der Mond aus Marzipan?, fragt die Bäckerin,
denn sie hat von früh bis spät nur Süßes im Sinn.
Doch der kleine Astronaut, der weiß es ganz genau:
Der Mond ist einzig und allein das Lächeln seiner Frau.

Mond, Mond, Mond, der am Himmel wohnt.
Was kann er sein? Das weißt nur du allein.

Ist der Mond ein Zirkusball?, fragt der Akrobat,
den vor langer Zeit jemand dort hingeworfen hat.
Ist der Mond Vanilleeis?, fragt der weiße Bär,
der in der Nacht zum Himmel schaut auf einer Eisscholle im Meer.
Ist der Mond mein Spiegelbild?, fragt die Sonnenfrau,
denn er leuchtet hell wie ich, das sehe ich genau.
Ist der Mond der Sternenvater?, fragt das Vogelkind,
weil die Sternchen doch noch alle Sternenkinder sind.
Ist die Welt ein Farbenklecks?, fragt der Mann im Mond,
der, seitdem er denken kann, dort am Himmel wohnt.

Mond, Mond, Mond, der am Himmel wohnt. Was kann er sein ... «

EIN JAHR IST UM

»Wir zünden heut die Kerzen an.
Hol tief Luft –
die Augen zu und dann,
pust sie aus, wünsch dir was.
Geburtstagskind, viel Spaß!«

Wertvolle Erinnerungen an die Babyzeit

DAS BABYALTER GEHT SO SCHNELL VORBEI –
GERADE EINMAL EIN JAHR DAUERT ES. GENIESSEN SIE JEDEN AUGENBLICK
IN VOLLEN ZÜGEN UND KOSTEN SIE IHN VOLL AUS.

Die echte Babyzeit beträgt gerade einmal ein Jahr; mit dem ersten Geburtstag ist sie vorbei. Danach beginnt die Kleinkindzeit. Spätestens mit drei Jahren dann kommen fast alle Kinder in den Kindergarten.

Ein Jahr Ihres Lebens, Ihres doch schon ganz schön langen Lebens: Wenn es Ihnen gelingt, diese Zeit als Auszeit von der »Normalität« zu betrachten, wenn Sie es schaffen, sich völlig darauf einzulassen – die Zeit immer vor Augen –, was bedeutet das dann? Ein Sommer, einmal Weihnachten, ein Geburtstag. Wenn Sie es so sehen und verstehen, können Sie Ihr Baby und die Zeit mit ihm richtig genießen. Was ist schließlich schon ein Jahr?

Als meine eigenen Kinder noch ganz klein waren, fiel mir auf, dass es Dinge gab, zu denen ich plötzlich überhaupt keine Zeit mehr hatte. Was vorher selbstverständlich erschien, wurde zum Luxus: ein Bad nehmen, ein Buch lesen, zum Friseur gehen. Irgendwann aber hielt ich mir die Zeit vor Augen. Ich kaufte mir alle Bücher, die ich lesen wollte, und stellte sie ins Regal. Immer wenn ich daran vorbeikam, lächelte ich meine Bücher an. Sie standen ja da und warteten auf mich. Sie liefen mir nicht davon. Aber die Kindheit, die wartet nicht. Die geht einfach vorbei – eben angeklopft, »Hallo« gesagt, und schon ist sie weg. Sie lässt sich nicht aufhalten. Deshalb genießen Sie diese Zeit in vollen Zügen und ganz bewusst.

Es gibt bei allen Mamas und Papas Dinge, die jetzt erst mal warten müssen. Lassen Sie unwichtigere Dinge deshalb auch warten. Jetzt ist erst mal Babyzeit.

BABYFOTOS

Wollen Sie eine wirklich schöne Erinnerung an Ihr Baby? Dann fotografieren Sie es an jedem ersten Tag im Monat am selben Ort (zum Beispiel auf dem Sofa oder einer bestimmten Decke) und mit demselben Kuscheltier. Sicher: Im Grunde macht das zwar nicht viel Arbeit. Trotzdem erfordert es Selbstdisziplin und Durchhaltevermögen. Denn die Monate vergehen so schnell, dass man manchmal gar nicht bemerkt, wenn ein neuer beginnt. Aber wenn Sie durchhalten, können Sie sehen, welche Entwicklung Ihr Kind macht. Das Erstaunlichste: Bald scheint es, als würde das Kuscheltier schrumpfen.

BABYUMRISSE ✂

Es muss aber auch nicht immer ein Foto sein. Werden Sie selbst kreativ:

▶ Legen Sie Ihr Baby auf ein großes Papier (na ja, so groß muss das Papier ja noch gar nicht sein) und zeichnen Sie seine Umrisse mit einem Stift nach. Wenn das Kind später dann wieder auf seiner Krabbeldecke oder im Stubenwagen liegt, können Sie die Konturen noch ausmalen oder bekleben. Das ist übrigens auch eine schöne Beschäftigung für größere Geschwister.

Auf diese Weise kann sich jedes Familienmitglied »zeichnen« lassen. Und irgendwann hängt dann die ganze »umrandete« Familie nebeneinander an der Wand.

▶ Wenn das Geschwisterkind gerne malt, bitten Sie es, das Baby mit dicken Filzstiften oder Wachsmalkreiden auf ein großes Blatt abzumalen. Das Bild hängen Sie dann über das Gitterbettchen.

MESSLATTE

Ganz wichtig in einer Familie: die »Messlatte« im Türrahmen. Hier werden alle regelmäßig gemessen. Schreiben Sie mit Bleistift Datum und Namen dazu, vielleicht sogar das Gewicht. Es ist nicht nur für die Eltern, sondern vor allem auch für die Kinder spannend, es schwarz auf weiß zu sehen: »Ich bin fünf Zentimeter gewachsen. An diesem Strich war ich vor einem halben Jahr, und hier bin ich jetzt.«

Bei uns ging das Ganze so weit, dass sogar die Lieblingsstofftiere gemessen wurden. Leider mussten die Kinder feststellen, dass deren Wachstum sich eher in Grenzen hielt. Natürlich können Sie ein kleines Baby noch

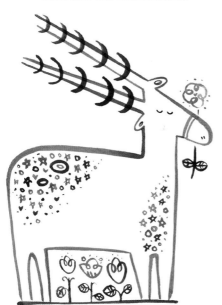

nicht an den Türrahmen stellen. Aber Sie können es einfach im Liegen abmessen und die Daten dann auf den Türrahmen übertragen. Später will der Nachwuchs dann natürlich lieber selbst stehen.

TAGEBUCH SCHREIBEN

Leider hat man als Mutter oft nicht die Zeit, wirklich Tagebuch zu schreiben (wie habe ich immer die Mutter von Michel aus Lönneberga beneidet, die an ihrem kleinen Schreibtisch saß und in aller Ruhe, ohne Stress und auch noch in wunderschöner Schrift die Streiche ihres Sohnes niederschrieb). Aber für einen einzigen Satz ist immer Zeit. Legen Sie sich also einen Jahreskalender neben das Bett und notieren Sie darin jeden Abend vor dem Einschlafen den »Satz des Tages«. Oder eine lustige Begebenheit. Welchen Fortschritt Ihr Baby gemacht hat oder welche Phase es gerade durchlebt. Überlegen Sie, wie Sie den Tag mit einem einzigen Satz beschreiben können.

BABYKISSEN

Sammeln Sie die Lieblingskleidungsstücke Ihres Babys (oder die, die Ihnen am besten gefallen). Und nähen Sie daraus ein Kissen: Ihr ganz persönliches Babykissen. Dazu

schneiden Sie aus Stramplern, T-Shirts und Co mindestens acht 20 mal 20 Zentimeter große Quadrate (wenn das Kissen größer werden soll auch mehr). Versäubern Sie jedes einzelne an der Nähmaschine mit Zickzackstich und nähen Sie dann jeweils vier Quadrate zu einem großen aneinander. Jetzt müssen Sie die beiden Teile nur noch rechts auf rechts zu einem Kissenbezug zusammennähen (an einer Seite an Reißverschluss, Knöpfe oder Bänder denken). Ein Kissen reinstecken – und fertig.

EINE SCHACHTEL VOLL ERINNERUNG

Packen Sie ein Kindheitserinnerungskistchen (das kann zum Beispiel auch ein Kinder-köfferchen sein). Da hinein kommen der erste Strampelanzug, die ersten Schuhe, das Lieblingsbilderbuch, das unentbehrliche Kuscheltier … Später dann die erste abge-schnittene Haarsträhne, ein Schulheft aus der Grundschule und so weiter. Bewahren Sie die Kostbarkeiten im Schrank oder auf dem Dachboden auf – und warten Sie auf eine gute Gelegenheit, sie Ihrem Kind zu schenken.

MEIN »ALLERERSTES« BUCH

Für diese Idee brauchen Sie ein leeres Notizbuch. Darin schreiben Sie – natürlich mit Datum – alle Dinge, die das Baby zum allerersten Mal kennenlernt oder kann. Dazu kommen dann viele Fotos, zum Beispiel vom ersten Plüschtier, vom ersten Bilderbuch, vom ersten Osterfest, ersten Silvester (das wird wohl ein Foto vom schlafenden Baby werden), von den ersten Schritten, vom allerersten Freund … Später können Sie dann das erste selbst gesammelte Stöckchen hineinkleben und das erste Löckchen. Das

Baby kann einen Finger- oder Hand-abdruck hineinstempeln. Sie glauben ja gar nicht, wie schnell man all diese Din-ge vergisst. Ich finde noch heute hier und da in alten Terminkalendern und kleinen Zettelchen Notizen, auf denen ich vermerkt habe, was meine Kinder Lustiges von sich gaben. Und wir alle freuen uns immer wieder sehr, wenn wir das lesen. Schließlich kommt damit ein ganzer Schwall an Erinnerungen hoch. Ich bin mir sicher, dass auch Ihr Kind später nicht genug davon kriegen kann: »Erzähl mir, wie ich früher war!«

Wo wächst du hin?

»Meine Güte, süßes Wesen,
bist doch grad noch klein gewesen?
Wo wächst du denn nur hin?
Zu den Bäumen?
In die Ferne?
Zu den Wolken?
In die Sterne?
Wie machst du das denn bloß?

Lässt du dich vom Regen gießen?
Wie Blumen,
die mit Dünger sprießen?
Wirst groß und größer,
wächst und wächst,
hat dich ein Zauberer verhext?
Hokuspokus, dideldei,
eben warst du noch im Ei.«

DER 1. GEBURTSTAG

Und schwupps, schon ist ein Jahr vorbei. Auch wenn Ihrem Kind noch nicht wirklich bewusst ist, was ein Geburtstag bedeutet, feiern Sie ein bisschen. Vielleicht möchten Oma und Opa kommen oder ein Freund (samt Mutter) aus der Krabbelgruppe. Vielleicht gibt es einen Kuchen, vielleicht singen alle ein Geburtstagsständchen, und vielleicht, vielleicht fühlt Ihr Kind doch, dass dies ein ganz besonderer Tag ist.

JETZT WIRD GEFEIERT

Bald wird Ihr Baby begreifen, dass ein Geburtstag – egal ob der eigene oder der eines anderen Familienmitglieds – etwas ganz Besonderes ist. Vielleicht legen Sie eine kleine Geburtstagskiste oder eine Geburtstagsschublade an, in der Sie alle Dinge aufbewahren, die nur an diesen Ehrentagen zum Vorschein kommen. Eine kleine Girlande, die Lebenskerzen, eine besondere Tischdecke ... Und dann kann die Feier beginnen.

Für eine Lebenskerze brauchen Sie eine große, dicke weiße Kerze und bunte Wachsplatten oder flüssige Wachsstifte. Setzen Sie sich mit Ihrem Mann (und den Geschwisterkindern) gemütlich an einen Tisch und überlegen Sie sich Symbole, die Ihnen wichtig sind: eine Sonne, eine Wolke, das Tierkreiszeichen oder den Namen Ihres Kindes, sein Geburtsdatum, ein Herz (oder viele Herzen), eine weiße Taube oder gleich die ganze Familie – Mama, Papa und das Geschwisterkind. Die schneiden, stechen oder modellieren Sie dann aus den

Wachsplatten und drücken Sie an die Kerze. Oder Sie malen alles direkt mit den Stiften auf und stellen die Kerze zum Trocknen weg.

Malen Sie jedes Jahr einen Marienkäfer auf ein rundes Steinchen. Der darf dann am Geburtstag auf dem Tisch zwischen den Tellern herumspazieren. Wenn jedes Jahr einer dazukommt, wird es bald eine kleine Marienkäferparade. So ein Geburtstagszug klappt natürlich auch mit Fischen, Blümchen oder mit Worten, die man auf Steine schreibt (zum Beispiel gute Wünsche für das Kind).

FLIEGENDER LUFTBALLON

Wie wäre es, wenn in einer Schachtel ein mit Helium gefüllter Luftballon verpackt wäre? Sie helfen dem Kind, das Paket aufzumachen – und der Ballon schwebt heraus (wenn Ihre Räume zu Hause drei Meter hoch sind, empfiehlt es sich, eine lange Schnur an den Ballon zu binden – im Freien befestigen Sie diese auch noch an der Schachtel. Sonst ist es mit der Geburtstagsfreude vorbei). Und jetzt sehen Sie, wie Ihr Schatz staunt.

Kerzen sind was Wunderbares

Eine Kerze? Wie faszinierend ist das denn? Das knisternde Geräusch, wenn Mama das Streichholz anzündet, das lustige Flackern der Flamme, der Geruch, die Stimmung. Ach, könnte man doch nur einmal hinfassen, die Flamme berühren … Nein!

Passen Sie auf, damit eine Kerze für das Kind nicht »nein« bedeutet, sondern in erster Linie »Kerze«, »Licht« oder »hell«. Eine Kerze ist schließlich etwas Schönes. Doch gleich danach kommt natürlich »heiß« und »nein«.

Geburtstagslied 🎵

»Wir zünden heut die Kerzen an.
Hol tief Luft –
die Augen zu und dann,
pust sie aus, wünsch dir was.
Geburtstagskind, viel Spaß!
Ich wünsch dir Butter auf dein Brot,
ein himbeerrotes Gummiboot,
in jedem Flieger ein Pilot
und jeden Morgen Morgenrot.
Wir zünden heut ...
Ich sing für dich trallalllalala,
ich wünsch dir 'nen Kuss von Erika,
ein Hauptgewinn bei 'ner Tombola,
et cetera et cetera.
Ich wünsch dir Mut
und auch Verstand.
Ich wünsch dir einen Strand
voll Sand,
ein Gedächtnis wie ein Elefant.
Sei amüsant, nie arrogant.
Ich wünsch dir einen Gänsebraten,
einen Preis im Rätselraten,

eine Tasche voll Dukaten,
Geheimnisse, die Freunde
nicht verraten.
Ich wünsch dir auch noch
ganz spontan
nie im Leben Lebertran,
keinen Schmerz im Weisheitszahn,
Freunde wie Fische im Ozean. «

SACHREGISTER

**Die gekennzeichneten
Gedichte finden Sie auch
auf der beiliegenden CD.**

DIE LIEDER

**Alle Lieder finden Sie auch
auf der beiliegenden CD.**

BÜCHER, DIE WEITERHELFEN

Borgenicht, Louis/Borgenicht, Joe:
Baby – Betriebsanleitung: Inbetriebnahme, Wartung und Instandhaltung. *Mosaik, München*

von Cramm, Dagmar/Schmidt, Prof. Dr. Eberhard: Unser Baby. Das erste Jahr. *GRÄFE UND UNZER VERLAG, München*

Gebauer-Sesterhenn, Birgit/Praun, Dr. Manfred: Das große GU-Babybuch. *GRÄFE UND UNZER VERLAG, München*

Gillies, Constantin: Wickelpedia. *Ullstein, Berlin*

Imlau, Nora: Das Geheimnis zufriedener Babys. *GRÄFE UND UNZER VERLAG, München*

Juul, Jesper: 4 Werte, die Kinder ein Leben lang tragen. *GRÄFE UND UNZER VERLAG, München*

Laue, Birgit: Das Baby 1x1. *GRÄFE UND UNZER VERLAG, München*

Leboyer, Frédérick: Sanfte Hände: Die traditionelle Kunst der indischen Baby-Massage (mit DVD). *Kösel Verlag, München*

Maiwald, Stefan: Wir sind Papa! *GRÄFE UND UNZER VERLAG, München*

Nussbaum, Cordula: Familienalltag locker im Griff. *GRÄFE UND UNZER VERLAG, München*

Pulkinnen, Anne: PEKiP. Babys spielerisch fördern. *GRÄFE UND UNZER VERLAG, München*

Richter, Robert/Schäfer, Bernhard:
Das Papa-Handbuch. *GRÄFE UND UNZER VERLAG, München*

Soldner, Georg/Vagedes, Dr. Jan: Das Kinder Gesundheitsbuch. *GRÄFE UND UNZER VERLAG, München*

Voormann, Christina/Dandekar, Dr. Govin: Baby-Massage. *GRÄFE UND UNZER VERLAG, München*

Weigert, Vivian/Paky, Franz: Babys erstes Jahr. *GRÄFE UND UNZER VERLAG, München*

ÜBER SABINE BOHLMANN

www.sabinebohlmann.de

CDS VON SABINE BOHLMANN UND CAROLYN BREUER

www.der-kleine-erdbaer.de

LINKS, DIE WEITERHELFEN

Wegweiser des Bundesfamilienministeriums, auch für die Vereinbarkeit von Kind und Karriere:

www.familien-wegweiser.de

Babyausstattung – hilfreiche Testberichte:

www.oekotest.de

www.test.de (Website der Stiftung Warentest)

Infos zum Thema PEKiP:

www.pekip.de

Großes Forum und aktuelle Nachrichten für Eltern:

www.familienhandbuch.de

Viele interessante und aktuelle Infos rund ums Thema Familie:

www.familie.de

Informationen und Broschüren für die Altersstufen 9 Monate bis 2 Jahre erhalten Sie bei der Bundeszentrale für gesundheitliche Aufklärung:

www.bzga.de

Alles zum Thema Stillen und Hilfe bei Stillproblemen:

www.lalecheliga.de

Infos zur Babyernährung gibt es beim Forschungsinstitut für Kinderernährung:

www.fke-do.de

IMPRESSUM

© 2014 GRÄFE UND UNZER VERLAG GmbH, München. Aktualisierte und komplett überarbeitete Neuausgabe von »BabySpielZeit«, GRÄFE UND UNZER VERLAG, 2010, ISBN 3-8338-1812-7.
Alle Rechte vorbehalten. Nachdruck, auch auszugsweise, sowie Verbreitung durch Film, Funk, Fernsehen und Internet, durch fotomechanische Wiedergabe, Tonträger und Datenverarbeitungssysteme jeder Art nur mit schriftlicher Genehmigung des Verlages.

Projektleitung: Christine Kluge, Lydia Pechauf
Bildredaktion: Julia Fell
Satz: griesbeckdesign, München
Layout und Umschlaggestaltung: independent Medien-Design, Horst Moser, München
Herstellung: Renate Hutt
Repro: Longo AG, Bozen
Druck und Bindung: Dimograf

ISBN 978-3-8338-4229-0

4. Auflage 2018

Bildnachweis
Fotoproduktionen: Petra Ender
Illustrationen: Helen Lang
Weitere Bilder: Corbis: S. 26, 67, 78; Getty Images: S. 60, 76; GU: Sabine Dürichen: S. 34; Mauritius Images: S. 90, 112, 118, 120; Picture Press: S. 57, 109; Plainpicture: S. 49, 107, 122; Sandra Seckinger: S. 93, 115; Shutterstock: S. 81; Stillsonline: S. 99; Tom Roch: S. 13, 58, 89; Svenja Walter: S. 51; Zoonar: S. 23

CD
Texte: Sabine Bohlmann
Musik: Carolyn Breuer und Christian Sudendorf
Instrumente: Christian Sudendorf: Bass, Gitarren, Banjo, Percussion; Carolyn Breuer: Altsaxofon, Sopransaxofon, Klarinette, Percussion; Max Winkler: Akkordeon; Sänger: Paulina, Carla und Jane Bogaert; Sprecher: Sabine Bohlmann, Zoe, Isabell, Hannah und Alexander; Mischung: Matthias Köhler/Oszillation Studio;

Mastering: Matthias Köhler

Liebe Leserin, lieber Leser,
haben wir Ihre Erwartungen erfüllt? Sind Sie mit diesem Buch zufrieden? Haben Sie weitere Fragen zu diesem Thema? Wir freuen uns auf Ihre Rückmeldung, auf Lob, Kritik und Anregungen, damit wir für Sie immer besser werden können.

GRÄFE UND UNZER Verlag
Leserservice
Postfach 86 03 13
81630 München
E-Mail:
leserservice@graefe-und-unzer.de

Telefon: 00800 / 72 37 33 33*
Telefax: 00800 / 50 12 05 44*
Mo–Do: 9.00 – 17.00 Uhr
Fr: 9.00 – 16.00 Uhr
(* gebührenfrei in D, A, CH)

Ihr GRÄFE UND UNZER Verlag
Der erste Ratgeberverlag – seit 1722.

 www.facebook.com/gu.verlag

GRÄFE UND UNZER

Ein Unternehmen der
GANSKE VERLAGSGRUPPE